北京企业品牌国际化发展策略研究

张松波　吴鑫玉　唐宇明　著

中国财富出版社有限公司

图书在版编目（CIP）数据

北京企业品牌国际化发展策略研究/张松波，吴鑫玉，唐宇明著 .—北京：中国财富出版社有限公司，2023.5

ISBN 978－7－5047－7933－5

Ⅰ.①北…　Ⅱ.①张…②吴…③唐…　Ⅲ.①企业管理—品牌战略—国际化—研究—北京　Ⅳ.①F279.271

中国国家版本馆 CIP 数据核字（2023）第 088954 号

策划编辑	郑欣怡　谷秀莉	**责任编辑**	郭逸亭	**版权编辑**	武　玥
责任印制	梁　凡	**责任校对**	卓闪闪	**责任发行**	于　宁

出版发行	中国财富出版社有限公司		
社　　址	北京市丰台区南四环西路 188 号 5 区 20 楼	**邮政编码**	100070
电　　话	010－52227588 转 2098（发行部） 010－52227566（24 小时读者服务）		010－52227588 转 321（总编室） 010－52227588 转 305（质检部）
网　　址	http：//www.cfpress.com.cn	**排　　版**	宝蕾元
经　　销	新华书店	**印　　刷**	北京九州迅驰传媒文化有限公司
书　　号	ISBN 978－7－5047－7933－5/F·3552		
开　　本	710mm×1000mm　1/16	**版　　次**	2025 年 3 月第 1 版
印　　张	11.75	**印　　次**	2025 年 3 月第 1 次印刷
字　　数	186 千字	**定　　价**	52.00 元

前　言

2024年，中国货物贸易规模居世界第一，已成为全球150多个国家和地区的主要贸易伙伴，外贸“朋友圈”越来越大。但与此同时，中国出口企业自主品牌建设较为薄弱，自主品牌出口在全国出口总额中的比重较小，具有一定世界知名度的品牌不多。近年来全球经济发展放缓，中国作为国际贸易的重要力量，致力于推动构建新型国际关系，打造人类命运共同体，积极推进经济全球化，因而开创性地提出“一带一路”倡议。同时，中国外贸出口企业也纷纷进行创新升级，努力打造自主品牌，跟随国家提质增效的大基调稳步前进。北京作为首都，是中国对外贸易最活跃的地区之一，北京企业品牌国际化的发展情况在一定程度上反映了全国的整体水平。《“十四五”对外贸易高质量发展规划》明确提出我国对外贸易发展迈上新台阶，外贸发展环境发生深刻复杂变化。在此背景下，应积极响应国家高质量发展号召，探索有代表性的北京企业品牌国际化经营方式，厘清高质量企业的发展思路，系统梳理企业的国际化经营状况，以助力企业品牌国际化经营、推动政府完善相关政策。

基于以上背景，本书在归纳企业品牌国际化经营与发展的相关理论以及梳理分析国内外已有文献的基础上，运用定性研究和定量研究相结合的方法，对北京企业品牌国际化发展策略进行了系统、深入的研究。

在定性研究过程中，一是根据本书提出的品牌国际化发展的理论框架，聚焦北京科技行业，收集和整理相关书籍、网络信息等资料，运用当前较为成熟的QSR Nvivo 9.0质性分析软件进行分析，从行业角度对本研究的理论框架进行验证；二是在案例研究中，结合研究团队自身与相关企业的联系，从北京科技行业中选择了3家较为典型的企业进行深度案例分析，分别对应渐进式、跨越式以及平行式三种品牌国际化路径，综合利用访谈法和二手资料分析法等，深入探究不同进入模式的品牌在国际化运营中的成长路径和发展策略等，并且在此基础上给出科技企业品牌国际化的创新成长路径。

在定量研究过程中，一是通过文献梳理和理论分析提出品牌国际化影响因素及其对绩效表现影响的研究假设；二是通过国泰安 CSMAR 数据库、和讯网等收集跨国企业国际化经营方面的二手数据，并自主计算得到一些非常规型变量数据；三是在理论验证阶段，通过描述性统计分析、Pearson 相关性分析对模型进行 Hausman（豪斯曼）检验，并采用随机效应模型验证所提出的研究假设。探索北京企业品牌国际化经营的影响因素和绩效表现，搭建北京企业品牌国际化经营的宏观框架。

本书运用定性研究与定量研究相结合的方法，从企业和政策两个层面提出了有针对性、可操作的政策建议。在企业层面，建议规划企业品牌发展战略，建立国际化组织管理模式；建立完善的质量管理体系，打造全球认同的商业价值观；进行自主创新，塑造品牌新形象；提高人才国际化水平。在政策层面，建议政府健全法律法规，优化市场制度环境；制定扶持政策，加大扶持力度，通过引导企业树立风险意识、降低中小企业融资难度、提供进出口信用保费补助、建立 RCEP（《区域全面经济伙伴关系协定》）北京企业服务中心、促进内外贸一体化等措施，助力北京企业规避发展风险，抢占发展先机，顺利实现国际化，融入国内国际双循环。

目　录

第1章　引　言

1.1　研究背景和问题提出

1.1.1　研究背景

随着市场经济的快速发展、物流技术和信息技术的进步，经济全球化为各个国家企业提供了更多的发展机会。2021 年是中国加入世界贸易组织（WTO）的 20 周年，中国企业从基础的原材料和初加工贸易做起，逐渐从产业链底端向上游升级，由浅入深地融入经济全球化进程，在成为世界第一贸易出口国的同时，逐渐成长为一个全球化品牌大国。当今，品牌已经成为企业开拓市场的重要武器，它承载了企业文化和发展理念，具有高辨识度，品牌越大，越能增强企业客户信心。随着我国综合国力的增强和国际地位的逐步提高，越来越多的中国品牌走出国门，走向世界。然而，“黑天鹅”和“灰犀牛”事件频繁出现，对中国企业品牌国际化发展提出了挑战。

世界银行、国际货币基金组织等主要国际组织的多份报告显示，2020 年全球经济将萎缩 4.4%，经济合作与发展组织（OECD）首席经济学家劳伦斯·博纳曾将其严重地描述为“世界正在经历二战以来最大的经济衰退”；仅有中国一枝独秀，2020 年经济增长率为 2.3%。一方面，全球贸易大幅萎缩。世界贸易组织数据显示，2020 年第二季度全球货物贸易量环比下降 14.3%，全球服务贸易额同比下降 30%，尤其在旅游和交通运输领域。另一方面，各个国家的跨境投资保持低迷态势。各国采取大规模宽松货币政策和金融救助措施，全球公共债务持续攀升。根据国际货币基金组织的数据，

2020 年全球公共债务占全球国内生产总值（GDP）的比例跃升至创纪录的 99%。世界经济复苏前景仍存在高度不确定性，一些影响复苏进程的问题如得不到妥善解决，将对世界经济增长产生负面影响。

1.1.2 问题提出

品牌国际化是实现中国制造向中国创造、中国产品向中国品牌转变的重要利器。北京作为中国首都，是中国企业步入国际科技、经济大舞台的前沿阵地，一直以来在对外贸易、科技和金融国际化方面发挥着重要作用。2021 年 5 月 10 日，凯度联合 Google 发布了“2021 BrandZ™ 中国全球化品牌 50 强”榜单，15 个北京企业品牌上榜，包括字节跳动、小米、联想、京东、快手、中国国航、智明星通、雪花、中国工商银行、网易、IM30（龙创悦动）、滴滴出行、创智优品、中国银行和趣加，业务范围涵盖金融、消费电子、软件、零售和跨境电商等，以科技行业为主。前文提到的世界经济与整体发展环境的不确定性给北京企业品牌国际化的发展带来的风险和挑战，主要体现在以下三个方面。

一是金融风险。2008 年国际金融危机爆发后，主要发达经济体持续实施量化宽松政策。以美国为例，先是通过增发国债、启动无上限的量化宽松政策，累计释放近 7 万亿美元的流动性。拜登政府又将推出 1.9 万亿美元的救助计划，也通过增发货币的方式来应对。美元的过量增发会导致大宗商品价格上涨，资产价格虚高，人民币购买力缩水，给北京企业品牌的国际化发展带来金融风险。

二是债务违约风险。一些国家的主权信用风险凸显，可能会出现“黑天鹅”事件。标准普尔评级公司表示，截至 2020 年年底，全球债务估计达到创纪录的 201 万亿美元，相当于 GDP 的 267%。众多企业偿债能力下降，虽然有些国家的政府对中小企业的偿债能力提供了国家担保，但是这样做会使得整体性违约风险大大增加。因此，北京企业在选择“走出去”时，应当考虑外方企业及其所在国的违约风险。

三是供应链违约风险。从全球范围来看，部分国家的一些行业依旧面临产业链供应链“断裂”的严峻考验。短时间内，在无法缩减供应链长度和提高供应链多元化程度的情况下，北京企业在选择现有供应链时应充分考虑全球供应链断裂的风险。

综上所述，当前世界百年未有之大变局正在加快演变，我国已进入高质量发展的新阶段，北京企业品牌国际化进程面临着机遇与挑战并存的局面。学术界对企业品牌国际化的研究也比之前更为深入，但聚焦北京企业品牌国际化的研究较少，尤其缺乏对新时代背景下北京企业品牌国际化发展现状的深入研究。基于此，本书在相关理论文献分析的基础上，聚焦北京企业品牌国际化发展，旨在探索和解决如下问题。

第一，北京企业品牌国际化的发展现状和趋势如何？进入路径和成长路径如何选择？国际化程度呈现何种态势？

第二，北京企业品牌国际化发展的影响因素有哪些？实施品牌国际化发展后，企业各方面绩效发生了哪些变化？

第三，北京科技企业品牌国际化发展现状如何？如何实现北京科技企业品牌国际化创新发展？

1.2 研究意义

1.2.1 理论意义

中国特色社会主义进入了新时代，经济高质量发展成为主基调。随着“走出去”战略和“一带一路”倡议的深入实施，如何提高我国企业品牌国际化发展水平成为理论研究的重要论题。近年来，随着企业品牌国际化进程的加快，很多国内外学者在品牌国际化领域进行了深入研究，成果丰硕。但在品牌国际化程度与企业绩效的关系上尚未达成共识。因此，本书进一步探析企业品牌国际化的概念与理论，深入剖析北京企业品牌国际化影响绩效的内在机理及北京企业品牌国际化进程中面临的主要障碍和风险，并提出实操性的对策建议，对北京企业品牌国际化理论做出有益补充。

1.2.2 现实价值

党的二十大报告指出，要加快建设世界一流企业。与此同时，企业全球化发展是科学技术发展和市场内在规律的必然导向，也符合企业自身发展的逻辑趋向。因此本书旨在为北京企业品牌国际化提供理论和实践支持。一是为正在或将要实施品牌国际化的北京企业实现海外可持续发展提供实证支持和理论建议；二是针对复杂多变的国际化发展环境，本书在理论分析和实证研究的基础上为北京企业尤其是科技企业品牌国际化发展提出了详尽的建议，帮助其更快更有效地参与国际竞争与合作，从而提升全球竞争力。

1.3 研究内容和研究方法

1.3.1 研究内容

本书的研究内容有以下五点。

第一，立足北京企业品牌国际化发展的实践背景，收集整理和深度分析关于品牌国际化发展研究的相关成果，界定本课题的核心概念，分析和引入品牌国际化发展相关基础理论，并对已有学者研究进行详细评述，进而确立研究初步框架。

第二，根据品牌国际化影响因素—品牌国际化路径—品牌国际化绩效的演进逻辑，构建本研究的理论框架，其中详细界定了品牌国际化路径和品牌国际化程度相关概念。

第三，对北京上市企业的品牌国际化路径和发展现状进行深入分析。关于品牌国际化路径的分析分为进入路径和成长路径两个方面，关于品牌国际化发展现状的分析主要从国际化深度和国际化广度两个方面论述，基于上市公司的二手数据，对北京上市企业品牌国际化程度进行描述性量化分析。在此基础上，探究北京企业品牌国际化的影响因素、发展程度以及企业绩效之间的深层次因果关系。

第四，以科技行业为例，在探索北京非上市企业品牌国际化现状的基础上，提出了新时代背景下北京科技企业品牌国际化成长路径的创新举措。

第五，根据前文的理论研究和实证分析结果，结合企业面临的新发展环境，从多个视角有针对性地提出北京企业品牌国际化发展的对策和建议。

1.3.2 研究方法

基于所要解决的核心问题、研究思路的设计以及研究数据的可获取性，本书拟采用定性和定量研究相结合的方法，具体包括理论推演法、文本分析法、实证研究法、案例研究法等。

（1）理论推演法

理论推演法贯穿本书始末，通过收集、整理和分析以品牌国际化为核心轴的已有研究，总结前人关于品牌国际化发展的研究成果，归纳和提炼有关研究结论，形成对事实经验的科学判断与认知；通过核心概念界定和理论基础研究等，形成本书所提出问题的解决依据；通过深度理论分析，推演品牌国际化发展的相关理论命题。

（2）文本分析法

文本分析法是根据研究课题需要，对一系列相关文本进行比较和分析，从中提炼出评述性的说明，通常采用客观、非接触性的特征描述。文本分析是根据目标文本的实际情况进行深入解析的过程，一般可分为文本资料查阅、文本鉴别评价以及归类整理。本书关于北京企业品牌国际化发展路径（进入路径和成长路径）的数据分析主要来源于对上市公司企业年报、公司网站、行业协会以及其他公开数据等的深入挖掘。

（3）实证研究法

社会科学领域的理论呈现需要相关数据检验结果的有力支撑，实证研究主要是通过科学归纳的方法，从获取的大量数据中提炼出具有普适性规律的结果。本书在文献分析和理论构建的基础上提出品牌国际化发展的研究假设，通过构建模型、选择研究变量、整理数据和运用相关统计方法，对样本数据进行实证检验。具体而言，在北京上市公司品牌国际化发展影响因素和绩效影响分析部分，通过对上市公司数据库和人工整理数据进行分析，建立北京上市公司品牌国际化发展面板数据模型，对北京上市公司品牌国际化影响因素、发展程度与企业绩效之间的关系进行实证研究。

（4）案例研究法

有学者指出，大样本实证研究只能简单地证明各个变量之间的静态关系，而不能深入挖掘各个变量之间的作用机制和动态影响关系。案例研究作为组织管理领域的一种基本研究方法，多用来解释“为什么”以及“怎么做”等相关现象与动态性问题。基于北京非上市公司品牌国际化相关量化数据的难以获取性，本书基于品牌国际化发展的理论框架，以北京科技行业为例进行行业层面的案例分析，并引入华为、小米和联想的三家企业案例，探讨和论证分析北京企业品牌国际化发展的进入路径和成长路径。

第 2 章　关键概念与理论基础

2.1　关键概念界定

2.1.1　企业国际化

国内外学者从不同角度出发，在多个层面给出了企业国际化的定义，目前形成了一个共识：企业出于产品生命周期或者企业生命周期的考虑，将产品、技术、资本等转移到别的国家。企业国际化是企业动态变化和不断调整的过程，有学者较早从产品生命周期的角度定义了企业国际化，其后很多学者在此基础上进行了企业国际化的界定。

有的学者从演进角度出发，认为企业国际化是企业从国内市场逐步发展向国际市场扩张的动态演变过程，实现了地理空间的跨越，是企业经营活动跨出国界的行为过程。有的学者从国际化方式角度进行了界定，将企业国际化分为内向型国际化和外向型国际化。内向型国际化主要包括进口商品和服务、购买专利技术、建立国内合资企业、建立外国企业的国内子公司等方式。外向型国际化包括间接或者直接出口、技术转让、建立国外合资企业、设立海外子公司等方式。还有学者从国际化经营视角出发，揭示了企业参与国际化市场竞争时采用的不同战略和策略，涵盖技术和知识转移、国际贸易等方面。

综上所述，现阶段对于企业国际化的界定没有统一定论。基于已有定义，本书认为企业国际化是企业为提高产品或服务的国际竞争力，选择内向或者外向国际化发展的不同路径，采取产品进出口、建立国内外合资企业等具体形式，实现国际化布局，获取跨区域竞争优势，提升国际化绩效水平，进而逐步实现全球化的过程。

2.1.2 品牌国际化

品牌国际化是企业国际化发展背景下的产物，最早由 Levitt 在 1983 年提出。Levitt 认为品牌国际化是企业产品在国际化层面的标准化发展，之后学者们对品牌国际化从不同角度进行了界定。

从狭义的品牌经营角度来看，品牌国际化被定义为企业为了获得海外目标顾客对其品牌的积极的评价而发展其品牌资产的过程，其中品牌资产包括品牌识别、可感知的产品质量、品牌形象和品牌忠诚。企业国际化经营所涉及的品牌名称、视觉、声音以及个性等，也被称为品牌国际化，是企业在国际市场上对于品牌架构的重新设置。品牌国际化实质就是使品牌走向国际，得到各国广泛认可的品牌推广过程。品牌国际化可以被拆解为两个要素：品牌是一个企业的符号，其建立与推广是重要的一环；而让消费群体熟悉这个品牌则是国际化的过程。品牌国际化的核心在于品牌。品牌是企业拥有的有形标志与无形价值的独特表现形式，良好的品牌形象是企业市场竞争的利器，能够提高客户对该品牌的忠诚度。企业通过实施品牌战略能够提升产品价值，塑造企业核心竞争力，从而获得独特的竞争优势。要了解品牌国际化的过程，可以先了解企业的国际化过程。

相较于品牌国际化，企业的国际化更加基础，定义更广，方式更多样。在经济全球化的背景下，企业积极参与世界分工体系、拓展价值链，由内向活动向外向活动发展，内向活动如技术和产品引进、国内合资合营等，外向活动如出口、对外直接投资、国外合资合营、海外子公司和分公司等，都是推进国际化进程的可选方式。品牌国际化是以上两者的最优结合，成功的品牌国际化需要充分利用品牌优势，选用最合适的国际化方式，从而使企业能够同时从品牌和国际化两项要素中获益。

综上所述，本书认为品牌国际化是企业在国际化基础上向更深层次延伸，主要聚焦国际化市场发展，向不同国家（地区）输出品牌价值的过程，即企业提供满足国际化需求的产品或服务，在国际市场上通过打造鲜明的品牌形象，逐步积累品牌资产，包括品牌国际化的进入路径、发展深度和广度等具体研究问题。

2.1.3 品牌国际化路径

对于品牌国际化路径的界定和分类，不同学者给出了不同答案。有学者提出，企业品牌国际化进程中，先要考虑的问题是进入路径问题，即品牌进入什么类型的国家（地区）发展的问题。学界一致认为，品牌进入路径主要分三种：先进入发达国家、先进入不发达国家和先进入发展中国家。而在品牌进入目标国以后，品牌成长路径是企业需要考虑的下一个问题。例如，有学者以韩国企业为例，通过分析其品牌国际化经验，进而构建了发展中国家品牌国际化路径；还有的通过对中国企业品牌国际化升级路径的多案例研究，探讨了品牌国际化升级路径的选择问题。

品牌国际化是一个复杂的进程，只有根据企业自身的需求和特点，选择合理的品牌国际化路径进行组合，寻找最优解，才能使品牌在海外市场立足并获得成功。综上所述，本书提出的品牌国际化路径包括品牌国际化进入路径和品牌国际化成长路径两个层面，二者在决策顺序上存在前后关系，即品牌国际化先决定进入路径，再决定成长路径。同时，二者在决策制定时又不可分割，即需要在综合考虑目标国进入顺序的基础上，根据企业自身资源和能力，选择品牌国际化的成长路径。

2.2 理论基础

企业的品牌国际化拥有完整的理论框架。第一，传统的国际分工和国际贸易理论分别从分工和贸易的角度阐释了企业进行国际化经营的必要性与紧迫性。第二，国际直接投资理论分支众多，依据跨国主体的发展阶段不同分为发达国家对外直接投资理论与发展中国家对外直接投资理论。发达国家对外直接投资理论包括垄断优势理论、内部化理论、国际生产折衷理论和产品生命周期理论。发展中国家对外直接投资理论则包含小规模技术理论、技术地方化理论、技术创新产业升级理论和动态比较优势理论。第三，国际化经营理论则包括企业国际化阶段理论、企业国际化的网络模型、与创新相联系的国际化经营模型和企业国际化经营战略管理理论。

2.2.1 传统的国际分工和国际贸易理论

1. 国际分工理论

随着经济全球化的不断深入和国际分工的不断深化，生产要素在全球范围的配置方式发生了改变，新的国际市场结构在经济全球化的影响下逐渐形成，任何一个国家和地区的经济都与国际市场结构相关联。国际分工的主要形式是第二次世界大战之前的垂直分工，它的主要特点是在原材料、工业加工领域的分工，因为此分工的前提和基础是殖民统治与暴力征服，所以经济发达的国家和经济落后的国家有不同的分工。这一方面导致经济落后国家的市场更加低迷，另一方面造成了世界市场的割裂。

各国产业结构调整步伐和生产技术的更新速度受科技革命的推动而不断加快，发达国家之间的技术优势不同，呈现各自的发展优势，因此不约而同地从行业间、企业间乃至生产流水线上展开分工与协作，从而推动了国际分工从垂直分工向水平分工转变。随着国际分工向工业内部的垂直分工和水平分工发展，部门和产品的分工也发生了转变，转变到消费和资本服务化方面，从而促进了国际贸易和国际直接投资的极大发展。国际贸易和国际直接投资体现了经济全球化的进程，经济全球化进程的快慢也从国际贸易和国际直接投资演进变化的快慢中揭示出来。

国际贸易和国际直接投资间的界限越来越模糊，国际贸易的产品结构和国际直接投资的产业调整方向相互靠近，国际贸易和国际直接投资越来越呈现融合发展的趋势。从国际贸易和国际直接投资的发展历程来看，都是国际分工促成的。根据社会分工和专业化原理，亚当·斯密创立了地域分工理论，绝对优势、市场扩张和剩余外溢是这一理论的三个独立的分支，其中绝对优势为理论基础。

（1）绝对优势

绝对优势分为两大类，一类是自然性优势，另一类是获得性优势。自然性优势是相对固定状态的自然资源，包括土地、矿产等，获得性优势包括资本、技术等。一个国家在生产和出口某种产品上将自然性优势和获得性优势结合起来就具有了绝对优势。生产商品的劳动耗费量可以用各国之间商品生产的不同成本来衡量，劳动生产力的差异揭示了成本的差异。国际分工和国际贸易产生的根源便是劳动生产力的差异，地域分工可以通过国际分工为拥有绝对优势的国家带来好处。

（2）市场扩张

社会分工会受到市场范围的约束，但市场范围的狭窄能通过扩大市场范围解决。国内市场容量对分工的限制会因国内企业为世界市场生产而大幅削弱，大大提高了生产专业化的程度。一个国家应生产自己有绝对优势的产品，即使这些产品不是自己所需要的，也可以拿这些产品与别国进行交换，因而国际分工可以促进各国生产率和效益的提高。

（3）剩余外溢

国内需求向外拓展，带动了国外需求的产生，出口产品一般是指一国使用此产品的需求趋于饱和，不得不在国外市场寻求国内市场剩余产品的销路。因此国内产品会先在国内市场销售，等到国内市场需求饱和后再寻求国外市场，需求随着出口的增加而增加，因此剩余产品会产生外溢效应。

2. 国际贸易理论

国际贸易是指世界各国（地区）之间在货物（商品）或服务等方面所从事的交换活动，是各国（地区）之间分工的表现，反映了各国（地区）之间在经济上密不可分的关系。传统的国际贸易仅指世界各国（地区）之间的货物交换。但随着国际分工和专业化，各国间产业内部的分工越来越深入和细化，国家（地区）间不仅有货物还有服务等要素的交换。国际贸易内涵由此不断扩大，能够体现各国的产业结构，这是国际分工和专业化的结果。第二次世界大战后，国际贸易的参与者——行为主体由于越来越多的国家（地区）卷入而发生了较大的变化，如在贸易的规模、结构特征、方式手段、流向归属、地区分布、贸易利益分配等方面发生了巨大的变化。

市场是完全竞争的、规模报酬不变，这是传统的国际贸易理论的假设。各国生产同种商品的价格差异直接导致了国际贸易的产生，而成本差异导致了价格差异。各国生产要素的价格差异导致成本的差异，生产要素的丰富程度决定生产要素的价格。各国在生产不同产品时所具有的比较优势或价格优势与各国生产要素丰富程度密切相关。因此，用丰富的生产要素制造的商品会被大量出口，用稀缺的生产要素制造的商品会被大量进口，因此各国的资源优势将直接影响国际贸易结构的形成和发展。

经济全球化的发展催生出许多跨国企业，跨国企业发展不以传统国际贸易理论为依据，跨国企业对外投资的市场具有不完全性，正是市场的不完全性导致了企业对外投资。也正因为市场具有非完美性，跨国企业才有组织效率，能够有效发挥不同生产要素如资本、劳动、技术和知识等的作用，在世界市场上同当地企业竞争。跨国企业确保跨国生产有利可图的必要条件是在市场、生产、规模经济等方面具有垄断优势，这也构成了国际直接投资理论研究的基础之一。

2.2.2 国际直接投资理论

国际直接投资理论可按照国家发展阶段的不同，分为发达国家对外直接投资理论和发展中国家对外直接投资理论。

1. 发达国家对外直接投资理论

（1）垄断优势理论

1960年经济学家海默创立了垄断优势理论，完全竞争市场是传统国际直接投资的理论假设，与其有很大不同，垄断优势理论的假设前提是市场具有不完全性，并重视分析产业组织的结构特征以及微观企业行为。海默认为，跨国企业在对其他国家（地区）投资时，面临着很多挑战，如汇率波动，以及文化背景、政治理念、宗教信仰、法律制度和语言环境不同等，这些都会制约企业的跨国经营，并且当地政府的歧视也增加了经营风险。但是跨国企业往往拥有丰富成熟的管理经验、先进的生产技术、较为完备的融资渠道和优秀的销售能力等独特的竞争优势，并以较高的垄断价格和利润来对抗东道国企业的竞争，最终会形成不完全竞争的局面。

海默认为，企业对外直接投资的必要条件是它相对当地企业具有某种与该企业所有权相联系的、不容易丧失的有形资产或无形资产的优势并足以抵消额外的成本。这一点也是企业对外投资的重要原因，不仅可以降低消极影响所带来的损失，还能提高企业的经济效益。依据垄断优势理论，具备一定的垄断优势是企业跨国经营的重要因素，而垄断优势中分量最重的是技术优势。因此，企业开展跨国投资的目的往往是寻求垄断租金，而不是寻求效率的提高。

（2）内部化理论

1970 年，以英国学者巴克利和卡森以及加拿大学者拉格曼为代表的西方学者提出内部化理论。该理论的基本假设是新厂商理论和市场的不完全性，这是美国经济学家科斯提出的，研究对象为除日本以外的发达国家跨国公司，主要论证企业对外直接投资所获收益超过产品出口或者许可证转让收益在何种情况下会出现，以及企业为什么这么做。

该理论表明，中间产品（一般指知识、信息、技术、商誉、原材料、半成品、零部件等）的市场是不完全的。市场失灵以及中间产品的一些特殊性质会导致市场的不完全。外部市场的失效会使企业难以实现利润最大化的目标。为实现利润的最大化，企业必须建立内部市场，即将外部市场内部化。企业通过建立内部市场，运用企业内部的管理手段对企业的内部资源进行有效的协调与配置，尽可能降低市场不完全性给企业经营效率造成的不利影响。企业跨越国界开展市场内部化的活动，则意味着企业开始对外直接投资和跨国经营。因此，避免外部市场的不完全性给企业经营效率带来不利影响就是企业开展对外直接投资的主要动因。

企业建立内部市场，利益的实现必然伴随着成本的发生。依据经济学的基本理论，企业能够开展内部化的约束条件是边际收益等于边际成本，企业内部化的规模也受这一条件约束。依据内部化理论，企业开展对外直接投资不仅仅是资本转移，还涉及在企业所有权基础上的管理权与控制权的扩张。

利用企业内部管理机制替代外部市场机制是管理与控制权扩张的重要体现，内部化成本高于市场交易费用，并最终通过跨国经营而获得较高的利润。

（3）国际生产折衷理论

英国经济学家约翰·邓宁在其代表作《国际生产和跨国企业》一书中提出了国际生产折衷理论。他认为，先前的对外直接投资理论是国际经济理论的重大发展，但只是对国际直接投资的片面解释，缺乏说服力，而一国的国际经济活动在目的、条件和能力基础上形成，因此形成了国际生产折衷理论。

邓宁融合发展了20世纪50至70年代以来各国的国际投资理论的思想，试图将企业海外投资活动理论进一步发展并提出更具说服力的理论。邓宁认为，国际生产折衷理论融合发展了各种理论才能够为当时企业的跨国经营活动提供更有效和一般化的分析与解释。国际生产折衷理论吸收了西方经济理论中的各派思想，如厂商理论、区位理论、工业组织理论，将国际贸易、对外直接投资和非股权转让三者合为一体。国际生产折衷理论认为，跨国公司从事对外直接投资应满足三个基本条件：一是企业拥有对其他东道主国家企业的所有权优势。这些所有权优势主要表现为技术和知识产权等无形资产优势并在一定时期内有垄断性。二是如果企业拥有对其他东道主国家企业的所有权优势，那么对拥有这些优势的企业来说，优势内部化比将其转让给东道国企业更有利。三是如果企业在所有权上与内部化上均具有优势，那么跨国公司利用这些优势与东道国的当地要素投入，一定能使企业有利可图。关于所有权优势、区位优势和内部化优势的内涵，邓宁做了如下解释。

①所有权优势：包括对有形资产和无形资产占有上的优势，如资本、产品、技术、商标、品牌、生产管理、市场销售等方面的优势。

②区位优势：主要取决于东道国以下方面的状况，包括自然资源、劳动力成本、运输成本、通信成本、基础设施、政府干预范围与程度、法律制度、市场需求、关税，以及受历史文化影响而形成的客户心理等。企业从事对外投资进行国际生产必然会受到以上状况的影响。

③内部化优势：为了降低外部市场不完全性对资源配置带来的不利影响，可以通过提高组织能力和扩大经营范围，把企业优势内部化，以公司的内部

交易取代外部市场的公开交易。这能够降低外部交易成本，使技术优势保留在企业内部，以形成垄断来强化内部竞争优势。

（4）产品生命周期理论

1966 年，美国经济学家弗农在美国《经济学（季刊）》上发表的《产品周期中的国际投资与国际贸易》一文中提出了产品生命周期理论。弗农认为，国外直接投资与产品的生命周期有密不可分的关系，产品的生命如人的生命一样要经历几个周期，这种周期决定了企业对外投资的时机、区位和动机等。

跨国公司对外投资一般分为以下三个阶段。

第一阶段：新产品阶段或产品创新阶段（创新期），又称引进阶段。此时消费者对新产品的特性不熟悉、不了解，对如何使用新的产品以及它的功能和作用也不了解，在这一阶段，企业要提高研发能力，提供大量的研究资金。这些需求主要来自本国，本国的需求决定了生产多少产品。这一时期的产品可以说是技术密集型的。

第二阶段：产品成熟阶段（成熟期），又称增长阶段。此时消费者对产品的需求增加，新技术日益成熟，生产过程标准化程度提高，配套设备相对完备，获得消费者广泛的认可，市场接受度高。与此同时，国外的需求也开始产生，此时企业应扩大对国外市场的投资，增加出口。随着产品出口的日益增多，技术也会转移出去，产品进口国能够迅速模仿并掌握技术然后开始在本国生产。成熟阶段的生产已实现标准化，产品比较成熟稳定，市场和规模有所扩大，需要资本大量的投入。这一时期的产品可以说是资本密集型的。

第三阶段：产品标准化阶段（国外生产期），又称衰退阶段。此时技术已经被很多国家掌握，甚至开始老化，技术本身越来越不重要，技术的生命周期也走到了尽头。消费者对该产品的需求下降，或许已经不需要该产品了。该阶段的比较优势就是劳动力成本，因此这一时期的产品可以说是劳动密集型的。

一个理想的产品生命周期应是产品创新阶段短，产品成熟阶段尽可能长，产品标准化阶段到来缓慢。将产品生命周期理论的基本思想与跨国企业开拓国外市场、营销产品结合起来，有利于企业看清形势，以更好地在国外市场发展。

2. 发展中国家对外直接投资理论

（1）小规模技术理论

美国经济学家刘易斯·威尔斯于 1977 年发表了《发展中国家企业的国际化》，对发展中国家的对外直接投资行为进行了论述，提出了小规模技术理论。1983 年刘易斯·威尔斯在其专著《第三世界跨国企业》中，对小规模技术理论进行了更详细的分析和总结，发展中国家跨国公司也有相对竞争优势，主要在于生产成本比发达国家低，低成本优势能够使生产者获得比较利益。刘易斯·威尔斯认为，发展中国家跨国公司主要有以下三种相对竞争优势。

一是通过为小市场需求服务的小规模生产技术获得规模效益。由于大规模生产技术不适合小市场需求，无法获得规模效益，所以针对发展中国家的跨国企业市场需求有限的现状，发展中国家可以通过开发小市场需求的生产技术获得竞争优势。因为这种小规模生产技术往往是低成本的劳动密集型生产技术，并具有很大的灵活性，许多低收入发展中国家正是因为开发了适应小市场需求的生产技术才具有了独特的竞争优势。

二是在国外生产民族产品。由于“民族情结”，发展中国家的民族产品在海外生产和市场上颇具优势，特别是历史悠久和海外移民多的发展中国家，这种发展中国家对外投资的独特竞争优势来源于国外同一种族团体。根据威尔斯的研究，以民族情结为纽带的对外投资，在中国台湾、中国香港以及印度、泰国、新加坡、马来西亚等地的投资中都占有一席之地，例如，全球华人在餐饮和新闻出版等方面的需求推动了发展中国家海外投资。

三是产品低价营销战略。发展中国家跨国企业的管理费用、广告费用成本低，因此产品销售价格低，能够采用质优价廉的营销手段。发展中国家跨国企业的管理人员和技术人员与发达国家跨国企业相比薪金较低，因而企业生产成本也较低。此外，相较于发达国家，发展中国家的企业对自身的形象重视程度往往相对较弱，在厂房建设和广告宣传方面节约了很多费用。因此，发展中国家具有质优价廉的优势，这也是抢占市场份额的重要手段。

（2）技术地方化理论

英国经济学家拉奥在 1983 年出版了《新跨国公司：第三世界企业的发

展》一书，对印度跨国公司的竞争优势和投资动机进行研究，提出了技术地方化理论，该理论是解释发展中国家对外直接投资行为的又一重大理论。技术地方化理论认为，发展中国家跨国公司的规模小，使用标准化的劳动密集型技术，但这种技术的形成和发展也是企业创新活动的产物。在拉奥看来，有四种因素塑造了发展中国家对外投资的优势：第一，发展中国家的技术知识的当地化，是在不同于发达国家的环境中进行的，这种新的环境与一国的要素价格及其质量密不可分。第二，发展中国家的竞争优势可通过对进口的技术和产品进行某些改造来获得，这种创新必然能使产品更好地满足当地或邻国市场的需求。第三，发展中国家企业竞争优势不仅可以通过产品市场供需条件获得，还可以通过创新活动中的小规模技术优势获得。第四，不同的产品特征能满足不同购买人群的需求，发展中国家往往能开发出与名牌产品不同的产品，能在东道主国家市场上获得相对的竞争优势。鉴于上述原因，发展中国家即使技术水平不高，也有自己独特的竞争优势。

拉奥的技术地方化理论，不仅分析了发展中国家跨国企业对外投资的竞争优势，还肯定了形成竞争优势过程中企业的创新活动。拉奥更强调企业技术引进的不可逆转性，认为其是一种再生过程，即发展中国家对发达国家的技术创新、消化和吸收不是一种单纯的模仿和复制，而是对技术的消化、改进和创新，使产品更适合本国的市场需求。这种创新活动成为企业的竞争优势，提高了企业的经济效益。尽管拉奥的技术地方化理论对创新活动的论述并不深入，但至少它把发展中国家对外投资引入了微观领域，提出了发展中国家相对于发达国家的独特竞争优势，为发展中国家对外投资提供了理论支撑。

（3）技术创新产业升级理论

面对发展中国家对外投资步伐越来越快的现状，英国学者坎特韦尔和托兰惕诺在对发展中国家对外投资进行研究后提出了技术创新产业升级理论。该理论从技术进步和技术积累的角度研究发展中国家的对外投资，认为发展中国家跨国公司对外直接投资的动力是技术创新。发展中国家与发达国家跨国公司的科技水平不同，创新活动也有差异，并且具有明显的学习特征，所以发展中国家可以通过其特有的“学习经验”和“组织能力”来掌握生产技术，通过技术的积累和技术能力的提升推动产业升级。

技术创新产业升级理论认为，发展中国家对外直接投资的产业分布和地理分布有以下规律：第一，利用民族或种族情结先对周边或文化相近的发展中国家进行投资。第二，随着对周边发展中国家海外投资经验的积累，再向其他远距离的发展中国家进行投资。第三，在积累了足够多的经验后，再向发达国家进行投资。

坎特韦尔和托兰惕诺肯定了发展中国家技术创新的活动，研究发现发展中国家的对外投资是以技术积累和技术进步不断推动产业结构升级的过程。该理论对于20世纪80年代出现的新兴工业化发展中国家的企业向发达国家投资的行为具有很好的解释力，得到了西方理论界的认可。但是该理论仅从产业升级和技术升级方面解释了发展中国家对外直接投资，没有说明影响对外投资的其他因素，因而需要进一步探索和研究。

（4）动态比较优势理论

日本学者小泽辉智将跨国公司对外投资寻求经济增长与开放经济发展理论相结合，指出任何一个国家的比较优势都不是一成不变的，而是随着时间和条件动态发展的，并于1992年提出动态比较优势理论。

该理论认为，发展中国家从引进外资到对外投资是本国比较优势不断增强的结果，并将其分为四个演进过程：第一，只从海外引进外资。第二，从外资流入向对外投资过渡。第三，从劳动力导向对外投资向贸易支持型和技术型过渡。第四，资本密集型资金流入和资本导向型对外投资交叉。该理论认为，无论发达国家还是发展中国家，其经济发展水平都是阶梯式的，这种阶梯结构既为发达国家创造了投资机会，又为发展中国家创造了追赶机会。

2.2.3 国际化经营理论

1. 企业国际化阶段理论

1975年以后，约翰森等用企业行为理论研究企业国际化经营行为，发现企业的国际化经营是分阶段进行的，每个阶段有不同的行为模式，于是提出了企业国际化阶段理论，也被称为“乌普萨拉国际化模型”，简称 U-M 模型。该模型提出了两个基本命题：一是企业国际化经营是一种连续的形式，是逐渐提高对国外市场的资源承诺度。二是企业国际化经营是一个不断发展和递进的过程。

该理论指出，企业国际化经营分为四个阶段，从低级到高级的表现形式为：不规则的出口活动、通过代理商出口、建立海外销售子公司、从事海外生产与制造。在四个不同的阶段，企业对外直接投资的能力大小和参与市场的程度不同。同时，企业市场会逐步扩大，从地方市场到全国市场，再到邻近国家市场乃至全球市场；企业国际化经营也在演变，从国内经营到通过代理商出口，再到直接出口，最终扩大到建立海外生产研发制造机构、设立子公司等。企业国际化经营的演变是不断加强国内市场信息收集和整合的过程，也是国外市场不断加大资源投入的过程。

2. 企业国际化的网络模型

一些瑞典学者研究并提出了企业国际化的网络模型，认为众多从事生产、销售、服务等活动的企业，它们相互连接组成一个网络系统。

企业在国际市场网络中建立和发展网络关系的过程就是企业国际化经营的体现，主要表现为三点。

①通过国际贸易和国际投资活动等方式，扩大网络范围；

②通过地区经济一体化不断消除国际化经营壁垒；

③实现全球经济一体化发展。

从网络模型的性质来看，在一定条件下，其既保持相对稳定，又会随时间演变和经营环境变化而变化。强调网络内产品的“互补性”是网络模型的重要内容。企业间有共有的产业链而联系在一起形成密不可分的关系是网络关系的重要特征。企业间通过产业链的活动共同建立、维持和发展这一网络关系。企业依靠从网络系统中获取资源来生存，并通过其在网络系统中的地位来获得这些外部资源，这是网络模型的核心思想。

企业国际化的网络模型阐明了企业国际化经营过程中的竞争与合作关系，并为企业制定国际化经营战略提供新的视角。

3. 与创新相联系的国际化经营模型

该模型认为，企业的一系列创新活动导致了企业经营的国际化。企业的国际化经营，是企业内部的“拉动机制”和企业外部的“推动机制”相互影响、相互依存的结果。企业外部的推动机制包括市场结构的变化、产业结构的变化、外部经营环境的变化等。企业制度创新、所有权优势构成企业内部的拉动机制。该模型认为，企业能否从国际化经营的初始阶段（如间接出口）不断上升到高级阶段是由企业内部的拉动机制决定的。

4. 企业国际化经营战略管理理论

1962 年，美国著名经济史学家钱德勒出版了《战略与结构》，提出了“结构跟随战略”和“公司的战略必将决定其结构”的著名论断。此后，管理学家又将企业战略管理理论与企业国际化经营战略相结合，提出了企业国际化经营战略管理理论。该理论认为，跨国公司在经营活动中要考虑盈利性与合法性两个指标。不同企业在跨国经营中有着不同的战略倾向，依据对盈利性与合法性指标的侧重程度，主要分为全球中心型、多中心型、民族中心型和地区中心型四个类型。

全球中心型意味着国际化经营要面向全球，聘用人才的范围也扩大至全球，在全球选拔出优秀的人才，在世界各个地区生产满足当地市场需求的产品。多中心型意味着国际化经营的首要条件是合规经营，然后根据目标市场的文化、语言、环境来制定国际化经营战略。民族中心型意味着在企业国际化经营中，以母公司所在地的价值观和民族利益来制定国际化经营战略。盈利是企业经营的目标，以国内企业的经营管理模式来对国外的企业进行管理。地区中心型意味着企业制定的战略应同时满足本国和东道国需求。

2.3 本章小结

本章主要介绍品牌国际化的关键概念和主要理论基础，以为全书有关品牌国际化的论述提供理论支撑。先对企业国际化、品牌国际化和品牌国际化路径进行了界定，然后就国际化理论展开介绍。本书国际化发展的理论支撑有四种：一是国际分工理论。二是国际贸易理论。这两者是传统国际化理论的典型代表。三是国际直接投资理论，由于发达国家和发展中国家具有不同的产业结构、市场特征、经济实力，因此国际直接投资理论分为两个部分，一部分是发达国家对外直接投资理论，包括垄断优势理论、内部化理论、国际生产折衷理论、产品生命周期理论；另一部分是发展中国家对外直接投资理论，包括小规模技术理论、技术地方化理论、技术创新产业升级理论、动态比较优势理论。这些理论从不同的方面研究了发达国家或发展中国家对外直接投资的优势、动机、方式等。四是国际化经营理论，主要分为企业国际化阶段理论、企业国际化的网络模型、与创新相联系的国际化经营模型、企业国际化经营战略管理理论。

第 3 章　文献综述与研究框架

3.1　文献综述

经济全球化与贸易国际化在促进各国合作共赢，实现经济增长和资源优化配置等方面发挥了重要的作用，以中国为代表的发展中国家随着国际化的浪潮实现了一轮又一轮的经济增长与产业结构优化。因此，尽管贸易保护主义、逆全球化思潮不断涌动，但贸易自由化和全球化依然是未来发展的主流，经济环境的不确定并不会改变全球化的发展方向，而更可能带来全球化的重构。对企业而言，品牌国际化进程往往代表着更高级别的战略方向、更广阔的发展空间和更高水平的市场竞争，也意味着企业在治理水平、创新能力、综合绩效等方面的表现要与国际接轨，在这个过程中机遇与挑战并存。企业要想在未来激烈的全球竞争中实现长远发展，则必须更加积极主动地参与全球产业链分工，在新一轮的全球化重构中做好企业的战略定位，打造企业可持续竞争优势。为此，充分了解企业品牌国际化的影响因素、战略模式与国际化可能对企业绩效造成的影响，对于有意向参与国际业务的企业而言至关重要。在复杂的国际环境下，对企业品牌国际化的充分了解能够帮助企业更好地推进国际化进程以应对新形势下的新挑战。因此，本章主要通过梳理企业品牌国际化影响因素、国际化路径与其可能对企业绩效产生的影响等，帮助读者了解企业品牌国际化。

3.1.1　品牌国际化影响因素相关研究

品牌国际化的影响因素与企业资源息息相关。企业资源分为有形资源

（如财务等）和无形资源（如管理能力、知识等）。有学者指出，企业资源是企业在市场竞争中的一个极其重要的因素，所以企业所拥有的资源对于企业国际化来说至关重要。下面我们分别从企业管理层特征、企业研发投入力度、政治背景、企业规模方面进行探索。

1. 管理层特征

在高阶理论中，企业的决策在一定程度上反映了决策制定者的经验和特质，企业的品牌国际化进程与决策制定者的特征紧密相关。企业在国外市场耕耘的深度和广度在很大程度上依赖于企业董事、监事和高级管理人员（以下简称“董监高”）的决策和有效管理，也就是说，企业管理层的任何特征，都有可能成为企业品牌国际化进程的影响因素。我们对文献进行梳理和归纳，总结出以下四个可能会影响企业品牌国际化进程的管理层特征。

（1）董监高的海外背景

有学者指出，进行品牌国际化经营需要企业投入大量的资源，这些资源涉及人力、物力和财力等，带有高风险和高不确定性，此时就需要决策制定者拥有对海外市场敏锐的判断力。董事、监事和高级管理人员的国际化背景作为一种能力和企业的一项资源，能够帮助企业更好地实现国际化。进入国外市场的企业在应对不同文化、新竞争者和复杂环境时将面临新的管理挑战，而企业管理层对其他国家的了解有助于企业克服国际化运营过程中所遇到的障碍。企业的管理者、监督者拥有海外留学背景或海外工作经验，将有利于推动企业国际化的进程。

第一，董监高具有国际化背景可以减少国际化的不确定性所带来的焦虑，使得企业有信心能更好地处理相关事务，更好地适应国际化运营过程中的不确定性和差异性，从而有利于企业国际化战略的成功实施。第二，董监高的国际化背景可以帮助企业缩短熟悉国外市场的时间，快速掌握国际化经营相关的市场知识、技能和管理方法，从而加快企业的国际化进程，并降低失败的可能性。第三，具有国际化背景的董监高可以帮助企业建立更加广泛的海外联系，使企业能够与潜在的国际合作伙伴进行业务合作，提高企业的国际化程度。

（2）CEO（首席执行官）权力

作为企业国际化战略的决策者和负责人，CEO权力对企业国际化战略选择具有重要影响。Finkelstein于1992年首次将高管权力定义为“管理者在战略制定的过程中能够发挥自身意志的能力”。权力会对组织运行过程中的个体及群体认知产生深刻影响，从而影响组织资源配置以及绩效获取。从本质意义上来说，CEO权力是将个人意愿转化为可执行的企业战略的能力；权力的增强不仅会对管理者理性决策造成影响，也会对其非理性认知产生作用，所以CEO权力特征会影响企业品牌国际化的进程。

基于委托代理理论，管理层具有构建“企业帝国”的内在动机。尽管国际化行为并不一定会对企业绩效产生显著的正向影响，但具有较高权力的管理者实施大规模投资并购的动机非常强烈。管理层通过任期内大量多元化投资和并购活动获取高额薪酬、在职消费与声誉，并降低自己被撤换的风险，提高与股东讨价还价的能力。除此之外，权力会改变个体的心理认知，拥有权力可以明显改变个体行为，使个体更关注事物的积极方面。在进行国际化战略决策时，当CEO拥有较大权力时，其行为趋近模式会被激发，从而使其对国际化机会的把握持积极态度，对国际化风险选择忽略。具有较大权力的CEO可能是风险追求者，企业战略决策的冒险倾向随CEO权力的增大而增强，强权CEO在面对对外直接投资的较大不确定性时更容易被风险项目的潜在收益吸引，从而倾向于采取品牌国际化扩张这种高风险型的决策。

（3）管理者性别

作为认知过程的核心要素，认知、注意力和推理能力在个体之间呈异质性分布，而管理人员在认知能力上的差异可以影响其对新的机遇和威胁的感知能力，进而导致战略选择的差异性（Helfat和Peteraf，2015）。从管理者认知能力角度出发，我们认为女性管理者在推动企业国际化扩张上更具规律性。

女性管理者在进行信息处理时的注意力焦点更具综合性。在进行信息处理时男性管理者通常会更加关注能够支撑自己决策的信息线索，而女性管理者则更倾向于综合考察。在高风险领域，男性管理者拥有更强的竞争意识，通常会做出更大胆的决策（Elosge 等，2018）。这种差异在私营企业、敏感行业以及不确定性较高的企业中表现得尤为突出（程锐等，2016）。在国际化机会信号出现时，女性管理者更善于将机会与风险信息加以综合处理，因此在国际化决策中表现得会比男性管理者更加谨慎和稳健，从而减少“机会主义”驱动下的投资数量波动，使国际化进程更有规律性。相对于男性管理者而言，女性管理者对利益相关者的关注程度更高，会综合平衡自身利益与企业价值之间的关系。因此，由女性管理者主导的国际化战略决策将更加谨慎。

（4）过度自信

过度自信是影响高管对风险与收益感知的最受关注的因素之一。管理者过度自信具体有三种表现：一是过高估计收益，低估风险；二是对自身知识和管理决策能力的过高估计；三是过高估计其所获取信息的准确度。只有感知到进行国际化扩张的收益大于风险时，企业才会开展国际化运营。所以过度自信的高管更有可能推动国际化进程。

过度自信的管理者会高估品牌国际化进程的潜在收益，并低估潜在风险。过度自信的个体倾向于重视风险性行动的收益，而选择性忽视其消极后果。除此之外，过度自信的管理者会低估国际市场环境的不确定性。因此，管理者越过度自信，越有可能低估国际市场的不确定性，这最终推动了企业品牌国际化进程。过度自信的管理者还会高估自己处理国际化过程中各种潜在问题的能力。综上所述，管理者的过度自信会进一步推动企业实施品牌国际化战略以获得更好的绩效。

2. 研发投入力度

有学者认为，技术是企业走向国际化的影响性因素之一，而技术水平的提升离不开企业的研发投入，因此企业的研发投入力度也是影响其品牌国际化进程的一个重要因素。企业的研发投入力度影响着产品的推陈出新能力、营销渠道的建立与革新能力等，因此其对企业品牌国际化具有显著的正向影响。较大的研发投入力度会使产品的更新换代与国际市场需求高度匹配，使企业在国际市场中具有比较优势，从而推动品牌国际化进程。

蒋冠宏等（2013）的研究也证实了技术研发型企业对外直接投资的生产率效应。基于资源基础学派的核心观点，研发投入作为一种特殊的异质性资源，会对企业获取竞争优势产生重要影响，这种优势在品牌国际化扩张进程中显得尤为重要。目前对于企业创新投入的衡量指标，主要集中在研发投入与研发人员比例两方面，而这两者都能够衡量企业的研发投入水平，并在一定程度上影响着企业的品牌国际化决策。

3. 政治背景

近年来，越来越多的学者研究政治因素对企业国际化的影响。由于企业进入目标市场时需要获得合法性，所以品牌的国际化进程会受到目标市场政治因素的影响。企业一般会改变自身行为方式以适应目标市场的政治环境，还要担心目标市场的政治风险、所有权风险、运营风险和转移风险对企业造成的影响。因此，进行品牌国际化时，企业需要慎重地考虑目标市场的政治环境。

从意图推进品牌国际化的企业主体视角来看，有两种方式能够衡量企业的政治背景，其一为是否为国有企业，可以衡量先天政府关系；其二为是否具有政治关联，可以刻画后天政府关系。其中，是否为国有企业是衡量跨国企业政治背景较为普适的指标。一方面，国有企业是中国特色社会主义经济的重要支柱，也是践行国家发展战略的治理工具，国有企业需要响应政治号召，如“一带一路”倡议、国际产能合作等，通过国际化拓展业务和地域范围，与私有企业相比，拥有进入国际市场更低的成本以及更好的发展机遇和环境。另一方面，政府掌握着重要的公共资源，主导着经济发展和政策活动，企业通过与政府建立关系能够更好地应对经济政策的不确定性。

4. 企业规模

学者研究发现，企业规模与品牌国际化进程有着密切的联系。一方面，企业规模作为企业治理的常用控制变量，深刻影响着企业的战略活动并限制着管理层的决策。运用异质性贸易理论分析出口企业的自选择效应时应考虑到贸易中的企业特征等因素。同一行业中的企业，无论规模大小，都应服从对数正态分布，企业在刚进入特定行业时，生存是首要目的，而生存的前提是必须迅速达到有效规模。企业只有在生存无虑的条件下才会考虑对外扩张，因此企业规模达到一定程度才能使企业跨过品牌国际化的门槛。

另一方面，在跨过门槛之后，规模较大的企业更容易实现规模经济，从而有效降低管理与生产成本，而中小企业在资源、抗风险能力及降低成本等方面远不及规模较大的企业。规模扩大意味着生产专业化，意味着能够实现更为细致的劳动分工，进而降低企业的生产成本。熊彼特假说也提到基础创新需要足够大的企业规模作为支撑。规模较大的企业在风险分担和融资渠道等方面具有更大的优势，在国际扩张中能承受更高的短期成本和风险，使国际化扩张更顺利。规模较大的企业一般拥有充足的资金，使企业能更好地抓住国际市场的机会，推动品牌国际化。

3.1.2　品牌国际化路径相关研究

随着经济全球化程度的不断加深，越来越多的学者着眼于品牌国际化的研究。品牌国际化是指企业从全球经营视野出发来制定企业品牌战略，并通过相应的品牌营销活动树立企业全球性品牌形象的活动过程。在实施品牌国际化的实际过程中，企业有多种方式开拓国外市场。下面我们分别从品牌国际化进入路径、发展路径以及广度与深度展开讨论。

1. 进入路径

品牌国际化的进入路径是企业最为重要的国际化经营战略决策之一。20 世纪 70 年代中期以来，北欧学派通过对瑞典企业海外经营的过程进行研究分析，提出了企业进入国际市场的渐进式发展模式。该模式认为，大多数企业走向国际化都是一个从量变到质变的长期演变过程：企业先在国内创立品牌、悉心经营，在做强做大后走出国门。而 Forsgren 则在研究近几年的企业国际化文献后，对渐进式发展模式提出了质疑。由此，周正平等学者将企业进入国外市场模式分为两类：渐进式发展与跨越式发展模式。在此基础上，我们认为还可以再衍生出介于渐进式与跨越式发展模式中间的平行式路径，平行式路径并不区分市场进入的先后，而是将整个全球市场作为品牌的发展平台。企业聚焦全球市场中的目标消费者，消费者可能分布于不同的国家或地区，但具备同一种消费属性。通过直接对接全球消费者，企业能够避免很多跨国跨市场经营所需要面对的问题，直接打造一个国际化的品牌。

大多数学者认为，中国企业“走出去”基本上是通过渐进式发展模式，走向国际基本遵循“由近及远，先熟悉后陌生”的路线。企业先从风险较低、投资较少的项目入手，然后通过积累国际化经验，逐渐加大跨国经营投入。但是随着中国经济的不断发展与企业实力的增强，也有部分企业采取跨越式发展模式开展跨国经营。跨越式发展模式是指企业不完全按照国际化的步骤缓慢向前发展，而是根据自身条件避开一些烦琐的流程，寻找适合自己的国际化进入路径，如直接运用对外投资等方式进入国外市场。一般情况下，当目标市场的环境、竞争程度与本国市场相似程度较高时，企业的品牌国际化阻碍较小，适用于跨越式发展模式；而当目标市场的环境与本国市场相似度较低，但竞争程度相似度较高时，适用于渐进式发展模式。由于各个企业内部条件和所处环境不同，两种发展模式各有其优劣势。

2. 发展路径

企业在进行国际化扩张时有诸多不同的发展路径，以二元分类法可分为绿地投资和兼并收购，或者分为独资和合资。其中兼并收购是通过直接购买目标市场已有公司来进入市场，是一种常见的国际化发展路径。并购相对于直接投资而言风险更低，因为并购主体可以直接获取被并购客体现有的资金、技术和市场。绿地投资方式成本较高，需要企业将自身拥有的先进技术或其他垄断性资源转移到东道国，筹备和建设期较长。张英和张倩肖（2021）认为，绿地投资模式下，企业能够获得更大的比较优势并将比较优势控制在组织内部，形成探索与开发行为的内部化；而兼并收购则带来企业行为外部化，更有利于满足不同跨国模式下的集成要求，使本国企业能灵活、便捷地获得东道国各方面的资源。

刘晓宁（2019）、张海波和李彦哲（2020）等则从海外子公司的股权控制程度来分类，将企业的国际化发展路径分为独资与合资两种。独资模式可以极大降低与合作伙伴的协商成本，有效避免管理冲突。合资模式则可以通过

"做中学"吸收管理经验，降低经营风险。在新兴经济体中，生产率高、规模大且国际经验丰富的跨国企业越来越青睐独资模式。按绿地投资与兼并收购、独资与合资的排列组合，以及实施国际化战略企业对其海外关联公司的控制程度进行分类，发展路径可分为全资并购、全资绿地投资，即在东道国依据其法律创建新的全资子公司；合资并购、合资绿地投资，即在东道国依据其法律创建新的合资子公司。合营与联营则是合资模式下因控制权不同而形成的不同发展路径。

当企业品牌的全球知名度不高时，其直接进入国际市场将会面临很大的风险。此时，具有跨国经营品牌意愿的企业可做出以下选择：第一，与当地知名的经销商进行合作，利用经销商品牌的知名度进入目标市场，从而接触目标消费者，提升消费者对品牌的认可度。第二，选择与当地市场的知名品牌进行合作，从而将自己的品牌带入当地市场，其内在原理与第一点类似。第三，在知名度不高的情况下，产品质量和销售渠道上也存在问题的话，企业可以选择借用外国知名品牌进行贴牌生产，从而实现品牌的国际化。

当企业具备雄厚实力且想要快速进入国际市场时，品牌国际化的成长路径可以选择以下方式：第一，收购品牌。企业可以选择收购一家在当地市场或者国际市场知名度较高的企业，通过整合不同品牌和资源来实现品牌国际化。第二，自创品牌。企业在一开始就针对自己的目标市场的特点，打造一个独立的自有品牌，通过长期运营和塑造使品牌成长为具备竞争优势的品牌，从而实现品牌国际化的目标。第三，品牌特许。当企业的品牌国际化程度已经较高时，企业可以将自己的品牌特许给外国公司使用，从而使自身品牌的国际化程度提高。第四，联盟品牌。一些在国际化中取得一定成绩的企业，可以合作组建一个战略联盟，创立一个联合品牌，共同开拓国际市场，从而实现企业间的优势互补。

3. 广度与深度

到目前为止，关于国际化的定义在学术界尚未达成共识。有学者将企业国际化分为国际化深度和国际化广度两个维度。国际化深度一般使用企业的海外销售额占总销售额的比重或海外资产占总资产的比重来衡量。国际化广度一般使用企业拥有的子公司数量以及进入不同国家或地区的数量来衡量。作为国际化测量的两种经典方式，国际化深度和国际化广度有着明显的经济含义区别，国际化深度更多地反映了企业对海外市场和海外生产的依赖程度，国际化广度则反映了企业跨国经营的多样性和复杂性。

企业从在本国经营开始，经历多个阶段并逐步进行品牌国际化拓展进而成为跨国公司的过程是复杂多样的，其中各个阶段的国际化方式也会有所不同。部分学者如 Vernon（1966）认为，国际化是一个连续性的概念，即企业的国际化程度会随着其产品生命周期的演变而变化。还有部分学者如 Annavarjula 和 Beldona（2000）将国际化从海外运营、海外资产拥有权和倾向国际化导向三个不同的方面来定义。Sullivan（1994）将过去学者所使用的测量指标分为绩效、结构和态度三类。绩效指标类似于深度指标，更多依靠销售额、资产比例以及研发支出、广告支出等来衡量。结构指标与国际化广度指标类似，更倾向于使用子公司数量与进入国家或地区的数量来衡量，绩效和结构指标都属于客观绩效，态度指标则通过高级管理者的国际化经验及国际运营的心理分散度来衡量，存在难以量化的问题。

3.1.3 品牌国际化绩效影响研究

近年来，关于中国企业国际化与绩效关系的研究不断涌现。现有文献主要从两个方面探讨了国际化的经济效应：一是从宏观的视角考察对外直接投资的效应，多数研究发现中国企业对外直接投资对经济增长质量、逆向技术溢出、母国就业以及改善资源错配产生了积极影响。二是以制度理论、资源基础理论、组织学习理论为基础探讨国际化对企业微观绩效的影响，普遍认为跨国投资有助于企业实现规模经济，国际化竞争能够提升创新能力，进入不确定性环境有利于企业社会责任的表现。本书聚焦企业的微观绩效，分别从现有文献当中梳理出这三种讨论最为广泛的企业品牌国际化导致的绩效后果，即财务绩效、创新绩效和社会责任绩效，下面就这三种国际化表现影响的绩效展开讨论。

1. **财务绩效**

企业进行品牌国际化扩张，最直接的目的是占领国际市场，核心目的则是获取利润和提升企业价值。企业国际化经营过程中，虽然有母国资金支持、规模较大和东道国招商引资支持的优势，但也存在与东道国生产管理模式迥异、文化冲突和法律冲突的障碍，这个过程中企业价值是否能得到提升，以及国际化程度与企业价值的关系成为学者们研究的焦点。

有学者研究发现，新兴经济体跨国公司将对外直接投资作为一种多元化的策略，既丰富了企业获取战略资源的渠道，又促进了企业盈利能力的提升；有学者对江苏省制造业企业的调查发现，国际化广度与企业财务绩效之间呈正相关关系；根据垄断理论、内部化理论、交易成本理论，国际化经营的企业具有资源、信息、成本上的优势，有助于提升企业价值；企业在进入东道国初始阶段，就会承担新的成本，此时国际化经营会对财务绩效产生负面影响，但随着国际化经验的积累，这种消极影响会转变为积极影响。

2. **创新绩效**

品牌国际化扩张对企业创新具有深刻的影响。随着国际创新网络的不断发展，新兴经济体企业为了进一步拓展创新资源共享渠道、搭建创新信息交流平台，纷纷将国际化经营作为企业发展的关键战略。对于发展中国家的后发企业而言，通过海外扩张能够快速获取知识、技术等关键创新资源，从而提升创新能力。跨国企业在海外设立关联公司或开展海外业务时，需要吸收、消化新获取的知识和经验。

基于知识转移视角，企业在全球范围内进行国际化扩张活动时，海外关联公司吸收的知识、获取的能力、得到的优质人才等创新资源能够传输回母公司，海外关联公司与母公司之间这种知识的双向流动，对企业的创新绩效有显著的提升作用。第一，国际化程度的加深能够使企业学习并获取许多难以模仿的隐性知识，帮助企业积累技术与知识存量。第二，企业通过与东道国客户、供应商、研发机构的密切交流与深度合作构建研发合作联盟，能够提高技术信息的共享和利用效率。随着企业国际化程度的加深，企业能够逐渐打破技术壁垒，从而获得更多有价值的创新资源。与此同时，品牌的深入拓展有助于企业在全球范围内使用多样化创新资源，国际经营网络的广泛联系能够帮助企业及时获取行业领先技术的关键信息并及时跟踪反馈研发项目的进展情况，企业能够对行业未来的发展态势做出更科学的预判，有利于企业整体创新绩效的提升。第三，扩展海外市场范围能够促使新兴经济体企业充分发挥自身竞争优势，激励企业持续创新。

3. **社会责任绩效**

在创造利润的同时，对消费者、社区以及环境负责，就是企业承担社会责任的体现。对外直接投资的母国效应不仅体现在经济方面，还体现在社会绩效等非财务绩效上。中国跨国公司大多将国际化作为响应政府激励政策的结果、摆脱国内制度约束的工具或者学习和获得稀缺战略资源的“跳板”。全球范围内社会责任运动的兴起使得企业履行社会责任的呼声日渐高涨，企业也越来越重视与社会、环境的和谐共处。

从经济动机的角度出发，社会责任是一种获利手段，履行社会责任能够提升品牌形象、获得声誉资本，最终提高经营绩效；从政治动机的角度出发，履行社会责任有助于企业减少外部压力、降低获取关键资源风险，还能与政府建立良好关系，进而有利于企业生产经营；从道德伦理的视角出发，履行社会责任是企业不求回报将资源回馈社会、树立好形象的行为。从组织身份的视角出发，社会认同理论认为身份是个体地位的标识，当跨国公司进入海外市场后，其不可避免地面临身份认同不足问题。跨国公司响应国际市场利益相关者的诉求能够在一定程度上避免身份认同不足问题，因此国际化扩张会促使企业积极履行社会责任，进而克服新兴者劣势。

3.1.4 品牌国际化研究评述

通过对品牌国际化相关文献的检索、梳理与分析，我们发现影响企业品牌国际化的因素众多。根据高层梯队理论，企业在某种程度上是高管行为的反映客体，企业高级管理人员特征对品牌国际化影响程度最深。关于企业高管的研究主要集中在对其年龄、任期等特征研究上，但从影响企业品牌国际化的角度出发，高管团队的性别特征、权力特征、海外背景、过度自信对企业品牌国际化的影响更加突出。除此之外，企业的研发投入力度、政治背景、企业规模也与品牌国际化进程息息相关。

关于品牌国际化路径的研究目前学术界并没有形成统一的逻辑体系，我们在分析已有文献的基础上，将品牌的国际化路径分为三个部分，一是根据其进入目标市场的选择界定进入路径，二是根据其进入目标市场的方式界定发展路径，三是根据其进入目标市场后的耕耘程度界定品牌国际化的广度与深度。在进入路径部分，根据文献梳理的结果进行逻辑推理，将进入路径分为渐进式、平行式与跨越式三种。在发展路径上，大体可分为绿地投资和兼并收购或者合营与联营。在品牌国际化的广度与深度方面，通过对已有衡量指标的比较，确定了两组经典且可比性较高的测量方式。

关于品牌国际化对绩效的影响，大体可分为三个维度，分别是财务绩效、创新绩效和社会责任绩效。实证文章对企业国际化的研究多止于国际化程度，对国际化如何进一步影响绩效的内在机制的探索有所不足，财务、创新和社会责任是已有研究中讨论最多的，因此品牌国际化对绩效的影响的研究应从这三个角度入手。品牌国际化对企业财务绩效的影响在不同的市场环境、国际化阶段存在不同的结论，总体上可分为促进、损害与非线性三类。品牌国际化对企业创新绩效的影响深刻，可以提升企业的创新能力和竞争力。品牌国际化对企业社会责任绩效的影响，可以分别从经济动机、政治动机、道德伦理和组织身份视角给出合理解释。

3.2　研究框架

基于前文对关键概念的界定、对理论基础的整理和分析，以及对品牌国际化已有研究成果的梳理和评述，本书聚焦北京企业品牌国际化路径选择和发展策略问题进行研究。具体而言，首先，针对北京企业品牌国际化路径选择问题，拟采用案例研究法、文本分析法等定性分析方法进行深入研究，厘清北京企业品牌国际化进入路径以及成长路径的选择问题；其次，针对北京企业品牌国际化发展现状和策略问题，拟采用案例研究、实证研究等定量和定性相结合的方法，厘清北京企业品牌国际化发展的深度和广度、影响因素以及对企业绩效的作用机理；最后，在企业层面和政策层面，分别提出翔实且具有实操性的对策和建议。

3.3 本章小结

本章的主要内容是品牌国际化的文献综述与本书的整体框架，梳理和评述了国内外有关国际化发展的现有成果。对国际化发展的文献主要从三个方面进行梳理，分别是品牌国际化的影响因素、品牌国际化的路径、品牌国际化的绩效。品牌国际化的影响因素有四个，分别为管理层特征、研发投入力度、政治背景和企业规模。品牌国际化的路径主要从进入路径、发展路径以及广度与深度三个方面进行研究。财务绩效、创新绩效、社会责任绩效共同构成了品牌国际化绩效的文献梳理内容。

第 4 章　北京上市公司品牌国际化发展研究

4.1　北京上市公司基本情况概述

北京作为中国的首都，是中国的政治、文化、国际交往中心，这为北京企业的国际化发展创造了有利的条件，增加了其与国外企业交流的机会，北京企业能第一时间享受到国家制定的外贸优惠政策。本书所选取的研究对象为北京上市公司和非上市公司，通过数据和实证分析上市公司的品牌国际化发展情况，通过案例分析非上市公司的名牌国际化发展情况，对多种类型企业品牌国际化进行分析，以求能全面地介绍北京企业品牌国际化发展现状和经营模式。下面是对北京上市公司基本情况的介绍，分为行业分析、办公地址分析和交易所分析三个方面。

4.1.1　行业分析

北京上市公司所涉及的产业有第一产业、第二产业、第三产业，所涉及的行业有批发业、房地产业、渔业、土木工程建筑业、金属制品业、医药制造业等。

4.1.2　办公地址分析

在被调查的 281 家北京上市公司中，依照办公地址进行划分，在海淀区的企业最多，共有 120 家，其后为朝阳区（28 家）、西城区（30 家）、东城区（19 家）、大兴区（19 家）、丰台区（23 家）、昌平区（11 家）、顺义区（11

家)、石景山区(4家)、房山区(3家)、通州区(4家)、怀柔区(2家)、门头沟区(4家)、延庆区(1家)、密云区(2家)。

4.1.3 交易所分析

在被调查的281家北京上市公司中，有145家在深圳证券交易所（以下简称“深交所”）上市，占被调查北京上市公司总数的比重为51.6%，有136家在上海证券交易所（以下简称“上交所”）上市，比重为49.4%。总体来说，北京上市公司在深交所和上交所的分布较为均匀。表4-1为北京上市公司基本情况。

表4-1　　北京上市公司基本情况

证券简称	办公地址	交易所	行业
神州高铁	北京市海淀区	深交所	铁路、船舶、航空航天和其他运输设备制造业
泛海控股	北京市东城区	深交所	其他金融业
北方国际	北京市丰台区	深交所	土木工程建筑业
中成股份	北京市丰台区	深交所	批发业
金融街	北京市西城区	深交所	房地产业
渤海股份	北京市顺义区	深交所	水的生产和供应业
*ST中迪	北京市丰台区	深交所	综合
新华联	北京市通州区	深交所	房地产业
经纬纺机	北京市大兴区	深交所	资本市场服务
京东方A	北京市朝阳区	深交所	计算机、通信和其他电子设备制造业
燕京啤酒	北京市顺义区	深交所	酒、饮料和精制茶制造业
中色股份	北京市丰台区	深交所	有色金属矿采选业
北新建材	北京市海淀区	深交所	非金属矿物制品业

续　表

证券简称	办公地址	交易所	行业
中水渔业	北京市西城区	深交所	渔业
ST 北文	北京市门头沟区	深交所	广播、电视、电影和影视录音制作业
中信国安	北京市海淀区	深交所	电信、广播电视和卫星传输服务业
华联股份	北京市通州区	深交所	商务服务业
中关村	北京市海淀区	深交所	医药制造业
紫光股份	北京市海淀区	深交所	计算机、通信和其他电子设备制造业
安泰科技	北京市海淀区	深交所	金属制品业
中科三环	北京市海淀区	深交所	计算机、通信和其他电子设备制造业
双鹭药业	北京市海淀区	深交所	医药制造业
中工国际	北京市海淀区	深交所	土木工程建筑业
东华软件	北京市海淀区	深交所	软件和信息技术服务业
北纬科技	北京市丰台区	深交所	软件和信息技术服务业
北斗星通	北京市海淀区	深交所	计算机、通信和其他电子设备制造业
石基信息	北京市海淀区	深交所	软件和信息技术服务业
全聚德	北京市西城区	深交所	餐饮业
东方雨虹	北京市顺义区	深交所	非金属矿物制品业
久其软件	北京市海淀区	深交所	软件和信息技术服务业
中科云网	北京市海淀区	深交所	互联网和相关服务业
东方园林	北京市朝阳区	深交所	生态保护和环境治理业
汉王科技	北京市海淀区	深交所	计算机、通信和其他电子设备制造业
北方华创	北京市朝阳区	深交所	专用设备制造业

续 表

证券简称	办公地址	交易所	行业
千方科技	北京市海淀区	深交所	软件和信息技术服务业
合众思壮	北京市海淀区	深交所	计算机、通信和其他电子设备制造业
大北农	北京市海淀区	深交所	农副食品加工业
北京利尔	北京市昌平区	深交所	非金属矿物制品业
四维图新	北京市海淀区	深交所	软件和信息技术服务业
广联达	北京市海淀区	深交所	软件和信息技术服务业
启明星辰	北京市海淀区	深交所	软件和信息技术服务业
二六三	北京市昌平区	深交所	互联网和相关服务业
清新环境	北京市海淀区	深交所	生态保护和环境治理业
盛通股份	北京市大兴区	深交所	印刷和记录媒介复制业
朗姿股份	北京市顺义区	深交所	纺织服装、服饰业
荣联科技	北京市海淀区	深交所	软件和信息技术服务业
博彦科技	北京市海淀区	深交所	软件和信息技术服务业
中科金财	北京市海淀区	深交所	软件和信息技术服务业
雪迪龙	北京市昌平区	深交所	仪器仪表制造业
凯文教育	北京市海淀区	深交所	教育
京威股份	北京市大兴区	深交所	汽车制造业
奥瑞金	北京市怀柔区	深交所	金属制品业
众信旅游	北京市朝阳区	深交所	商务服务业
东易日盛	北京市房山区	深交所	建筑装饰和其他建筑业
金一文化	北京市西城区	深交所	文教、工美、体育和娱乐用品制造业

续　表

证券简称	办公地址	交易所	行业
中矿资源	北京市丰台区	深交所	有色金属冶炼及压延加工业
万达电影	北京市朝阳区	深交所	广播、电视、电影和影视录音制作业
奥赛康	北京市丰台区	深交所	医药制造业
东方中科	北京市海淀区	深交所	批发业
元隆雅图	北京市西城区	深交所	商务服务业
鸿合科技	北京市海淀区	深交所	计算机、通信和其他电子设备制造业
中岩大地	北京市海淀区	深交所	土木工程建筑业
直真科技	北京市昌平区	深交所	软件和信息技术服务业
神州泰岳	北京市海淀区	深交所	软件和信息技术服务业
乐普医疗	北京市昌平区	深交所	专用设备制造业
豆神教育	北京市门头沟区	深交所	软件和信息技术服务业
鼎汉技术	北京市丰台区	深交所	铁路、船舶、航空航天和其他运输设备制造业
超图软件	北京市朝阳区	深交所	软件和信息技术服务业
* ST 数知	北京市西城区	深交所	互联网和相关服务业
华力创通	北京市海淀区	深交所	计算机、通信和其他电子设备制造业
蓝色光标	北京市朝阳区	深交所	商务服务业
海兰信	北京市海淀区	深交所	计算机、通信和其他电子设备制造业
碧水源	北京市海淀区	深交所	生态保护和环境治理业
* ST 嘉信	北京市石景山区	深交所	商务服务业
三聚环保	北京市海淀区	深交所	化学原料及化学制品制造业

续　表

证券简称	办公地址	交易所	行业
当升科技	北京市丰台区	深交所	电气机械及器材制造业
数码视讯	北京市海淀区	深交所	计算机、通信和其他电子设备制造业
恒信东方	北京市东城区	深交所	专业技术服务业
嘉寓股份	北京市顺义区	深交所	建筑装饰和其他建筑业
晓程科技	北京市海淀区	深交所	计算机、通信和其他电子设备制造业
世纪瑞尔	北京市海淀区	深交所	软件和信息技术服务业
恒泰艾普	北京市海淀区	深交所	开采辅助活动
东方国信	北京市朝阳区	深交所	软件和信息技术服务业
捷成股份	北京市海淀区	深交所	广播、电视、电影和影视录音制作业
潜能恒信	北京市海淀区	深交所	开采辅助活动
舒泰神	北京市大兴区	深交所	医药制造业
易华录	北京市石景山区	深交所	软件和信息技术服务业
北京君正	北京市海淀区	深交所	计算机、通信和其他电子设备制造业
拓尔思	北京市海淀区	深交所	软件和信息技术服务业
银信科技	北京市海淀区	深交所	软件和信息技术服务业
光线传媒	北京市东城区	深交所	广播、电视、电影和影视录音制作业
三盛教育	北京市海淀区	深交所	计算机、通信和其他电子设备制造业
飞利信	北京市海淀区	深交所	软件和信息技术服务业
利德曼	北京市大兴区	深交所	医药制造业
华录百纳	北京市石景山区	深交所	广播、电视、电影和影视录音制作业
利亚德	北京市海淀区	深交所	计算机、通信和其他电子设备制造业

续　表

证券简称	办公地址	交易所	行业
同有科技	北京市海淀区	深交所	软件和信息技术服务业
吉艾科技	北京市丰台区	深交所	资本市场服务业
*ST 邦讯	北京市海淀区	深交所	软件和信息技术服务业
掌趣科技	北京市海淀区	深交所	互联网和相关服务业
博晖创新	北京市昌平区	深交所	专用设备制造业
旋极信息	北京市海淀区	深交所	软件和信息技术服务业
天壕环境	北京市海淀区	深交所	燃气生产和供应业
立方数科	北京市丰台区	深交所	软件和信息技术服务业
北信源	北京市海淀区	深交所	软件和信息技术服务业
东土科技	北京市石景山区	深交所	计算机、通信和其他电子设备制造业
中文在线	北京市东城区	深交所	新闻和出版业
恒华科技	北京市西城区	深交所	软件和信息技术服务业
ST 网力	北京市海淀区	深交所	计算机、通信和其他电子设备制造业
绿盟科技	北京市海淀区	深交所	软件和信息技术服务业
*ST 安控①	北京市海淀区	深交所	仪器仪表制造业
东方通	北京市丰台区	深交所	软件和信息技术服务业
光环新网	北京市门头沟区	深交所	软件和信息技术服务业
三联虹普	北京市海淀区	深交所	专业技术服务业
飞天诚信	北京市海淀区	深交所	软件和信息技术服务业
九强生物	北京市海淀区	深交所	医药制造业

① 在本研究调查时，该公司名为北京安控科技股份有限公司，2021 年 5 月更名为四川安控科技股份有限公司。

续 表

证券简称	办公地址	交易所	行业
昆仑万维	北京市海淀区	深交所	互联网和相关服务业
浩丰科技	北京市海淀区	深交所	软件和信息技术服务业
诚益通	北京市大兴区	深交所	仪器仪表制造业
康斯特	北京市海淀区	深交所	仪器仪表制造业
赛微电子	北京市西城区	深交所	计算机、通信和其他电子设备制造业
高伟达	北京市海淀区	深交所	软件和信息技术服务业
合纵科技	北京市海淀区	深交所	电气机械及器材制造业
赛升药业	北京市大兴区	深交所	医药制造业
中科创达	北京市海淀区	深交所	软件和信息技术服务业
辰安科技	北京市海淀区	深交所	软件和信息技术服务业
新雷能	北京市昌平区	深交所	电气机械及器材制造业
思特奇	北京市海淀区	深交所	软件和信息技术服务业
宣亚国际	北京市朝阳区	深交所	商务服务业
圣邦股份	北京市海淀区	深交所	计算机、通信和其他电子设备制造业
科锐国际	北京市朝阳区	深交所	商务服务业
科蓝软件	北京市大兴区	深交所	软件和信息技术服务业
必创科技	北京市海淀区	深交所	仪器仪表制造业
宇信科技	北京市海淀区	深交所	软件和信息技术服务业
中石科技	北京市大兴区	深交所	化学原料及化学制品制造业
百邦科技	北京市朝阳区	深交所	机动车、电子产品和日用产品修理业
康龙化成	北京市大兴区	深交所	研究和试验发展

续　表

证券简称	办公地址	交易所	行业
拉卡拉	北京市海淀区	深交所	互联网和相关服务业
值得买	北京市丰台区	深交所	互联网和相关服务业
中信出版	北京市朝阳区	深交所	新闻和出版业
钢研纳克	北京市海淀区	深交所	专业技术服务业
阿尔特	北京市大兴区	深交所	专业技术服务业
首都在线	北京市朝阳区	深交所	软件和信息技术服务业
谱尼测试	北京市海淀区	深交所	专业技术服务业
爱美客	北京市昌平区	深交所	专用设备制造业
首创环保	北京市西城区	上交所	水的生产和供应业
华能国际	北京市西城区	上交所	电力、热力生产和供应业
华夏银行	北京市东城区	上交所	货币金融服务业
民生银行	北京市西城区	上交所	货币金融服务业
中国石化	北京市朝阳区	上交所	石油和天然气开采业
三一重工	北京市昌平区	上交所	专用设备制造业
中国联通	北京市西城区	上交所	电信、广播电视和卫星传输服务业
中国医药	北京市东城区	上交所	批发业
五矿发展	北京市海淀区	上交所	批发业
华润双鹤	北京市朝阳区	上交所	医药制造业
同仁堂	北京市大兴区	上交所	医药制造业
同方股份	北京市海淀区	上交所	计算机、通信和其他电子设备制造业
中国卫星	北京市海淀区	上交所	计算机、通信和其他电子设备制造业

续 表

证券简称	办公地址	交易所	行业
中青旅	北京市东城区	上交所	商务服务业
华创阳安	北京市西城区	上交所	资本市场服务业
福田汽车	北京市昌平区	上交所	汽车制造业
中牧股份	北京市丰台区	上交所	医药制造业
*ST 大唐	北京市海淀区	上交所	计算机、通信和其他电子设备制造业
有研新材	北京市海淀区	上交所	有色金属冶炼及压延加工业
万通发展	北京市海淀区	上交所	房地产业
首旅酒店	北京市西城区	上交所	住宿业
航天信息	北京市海淀区	上交所	计算机、通信和其他电子设备制造业
大恒科技	北京市海淀区	上交所	计算机、通信和其他电子设备制造业
安迪苏	北京市海淀区	上交所	医药制造业
华联综超	北京市西城区	上交所	零售业
首开股份	北京市东城区	上交所	房地产业
动力源	北京市丰台区	上交所	计算机、通信和其他电子设备制造业
华胜天成	北京市海淀区	上交所	软件和信息技术服务业
三元股份	北京市大兴区	上交所	食品制造业
*ST 信威	北京市海淀区	上交所	计算机、通信和其他电子设备制造业
中铁工业	北京市丰台区	上交所	专用设备制造业
中国软件	北京市昌平区	上交所	软件和信息技术服务业
天地科技	北京市朝阳区	上交所	专用设备制造业
用友网络	北京市海淀区	上交所	软件和信息技术服务业

续　表

证券简称	办公地址	交易所	行业
信达地产	北京市东城区	上交所	房地产业
电子城	北京市朝阳区	上交所	房地产业
中国高科	北京市顺义区	上交所	教育
北汽蓝谷	北京市大兴区	上交所	汽车制造业
中国海防	北京市海淀区	上交所	计算机、通信和其他电子设备制造业
航天长峰	北京市海淀区	上交所	专用设备制造业
*ST 中天	北京市东城区	上交所	燃气生产和供应业
王府井	北京市东城区	上交所	零售业
京城股份	北京市朝阳区	上交所	专用设备制造业
石化油服	北京市朝阳区	上交所	开采辅助活动
国投电力	北京市西城区	上交所	电力、热力生产和供应业
长江电力	北京市海淀区	上交所	电力、热力生产和供应业
国投中鲁	北京市丰台区	上交所	酒、饮料和精制茶制造业
海油发展	北京市东城区	上交所	开采辅助活动
中国电影	北京市怀柔区	上交所	广播、电视、电影和影视录音制作业
节能风电	北京市海淀区	上交所	电力、热力生产和供应业
中信建投	北京市朝阳区	上交所	资本市场服务业
中铝国际	北京市海淀区	上交所	土木工程建筑业
中国神华	北京市东城区	上交所	煤炭开采和洗选业
昊华能源	北京市门头沟区	上交所	煤炭开采和洗选业
中国国航	北京市顺义区	上交所	航空运输业

续 表

证券简称	办公地址	交易所	行业
中国化学	北京市东城区	上交所	土木工程建筑业
四方股份	北京市海淀区	上交所	电气机械及器材制造业
中国铁建	北京市海淀区	上交所	土木工程建筑业
东兴证券	北京市西城区	上交所	资本市场服务业
农业银行	北京市东城区	上交所	货币金融服务业
中国人保	北京市西城区	上交所	保险业
新华保险	北京市延庆区	上交所	保险业
中国中铁	北京市丰台区	上交所	土木工程建筑业
工商银行	北京市西城区	上交所	货币金融服务业
中国外运	北京市海淀区	上交所	装卸搬运和运输代理业
中国铝业	北京市海淀区	上交所	有色金属冶炼及压延加工业
中国中冶	北京市朝阳区	上交所	土木工程建筑业
中国人寿	北京市西城区	上交所	保险业
中国建筑	北京市海淀区	上交所	土木工程建筑业
中国电建	北京市海淀区	上交所	土木工程建筑业
中国卫通	北京市海淀区	上交所	电信、广播电视和卫星传输服务业
际华集团	北京市丰台区	上交所	纺织服装、服饰业
中国中车	北京市海淀区	上交所	铁路、船舶、航空航天和其他运输设备制造业
中国交建	北京市西城区	上交所	土木工程建筑业
光大银行	北京市西城区	上交所	货币金融服务业
中国石油	北京市东城区	上交所	石油和天然气开采业

续　表

证券简称	办公地址	交易所	行业
中国科传	北京市东城区	上交所	新闻和出版业
中国银河	北京市丰台区	上交所	资本市场服务业
江河集团	北京市顺义区	上交所	建筑装饰和其他建筑业
中国中免	北京市东城区	上交所	商务服务业
中煤能源	北京市朝阳区	上交所	煤炭开采和洗选业
京运通	北京市大兴区	上交所	专用设备制造业
建设银行	北京市西城区	上交所	货币金融服务业
中国核电	北京市海淀区	上交所	电力、热力生产和供应业
中国银行	北京市西城区	上交所	货币金融服务业
中国重工	北京市海淀区	上交所	铁路、船舶、航空航天和其他运输设备制造业
大唐发电	北京市西城区	上交所	电力、热力生产和供应业
金隅集团	北京市东城区	上交所	非金属矿物制品业
中金公司	北京市朝阳区	上交所	资本市场服务业
中信银行	北京市朝阳区	上交所	货币金融服务业
人民网	北京市西城区	上交所	互联网和相关服务
国检集团	北京市朝阳区	上交所	专业技术服务业
甘李药业	北京市通州区	上交所	医药制造业
森特股份	北京市大兴区	上交所	建筑装饰和其他建筑业
翠微股份	北京市海淀区	上交所	零售业
昭衍新药	北京市大兴区	上交所	研究和试验发展
海量数据	北京市海淀区	上交所	软件和信息技术服务业

续　表

证券简称	办公地址	交易所	行业
鸿远电子	北京市丰台区	上交所	计算机、通信和其他电子设备制造业
淳中科技	北京市海淀区	上交所	计算机、通信和其他电子设备制造业
掌阅科技	北京市朝阳区	上交所	互联网和相关服务业
长久物流	北京市顺义区	上交所	商务服务业
高能环境	北京市海淀区	上交所	生态保护和环境治理业
康辰药业	北京市密云区	上交所	医药制造业
博天环境	北京市海淀区	上交所	生态保护和环境治理业
国联股份	北京市海淀区	上交所	互联网和相关服务业
韩建河山	北京市房山区	上交所	非金属矿物制品业
乾景园林	北京市海淀区	上交所	土木工程建筑业
瑞斯康达	北京市海淀区	上交所	计算机、通信和其他电子设备制造业
曲美家居	北京市顺义区	上交所	家具制造业
华扬联众	北京市海淀区	上交所	互联网和相关服务业
能科科技	北京市房山区	上交所	专业技术服务业
嘉友国际	北京市西城区	上交所	装卸搬运和运输代理业
新华网	北京市西城区	上交所	互联网和相关服务业
中持股份	北京市海淀区	上交所	生态保护和环境治理业
中科软	北京市海淀区	上交所	软件和信息技术服务业
中农立华	北京市西城区	上交所	批发业
金诚信	北京市密云区	上交所	开采辅助活动
兆易创新	北京市海淀区	上交所	计算机、通信和其他电子设备制造业

续　表

证券简称	办公地址	交易所	行业
中国通号	北京市丰台区	上交所	铁路、船舶、航空航天和其他运输设备制造业
交控科技	北京市丰台区	上交所	铁路、船舶、航空航天和其他运输设备制造业
天宜上佳	北京市海淀区	上交所	铁路、船舶、航空航天和其他运输设备制造业
佳华科技	北京市通州区	上交所	软件和信息技术服务业
莱伯泰科	北京市顺义区	上交所	仪器仪表制造业
航天宏图	北京市海淀区	上交所	软件和信息技术服务业
热景生物	北京市大兴区	上交所	医药制造业
映翰通	北京市朝阳区	上交所	计算机、通信和其他电子设备制造业
金山办公	北京市海淀区	上交所	软件和信息技术服务业
石头科技	北京市海淀区	上交所	电气机械及器材制造业
华峰测控	北京市海淀区	上交所	专用设备制造业
寒武纪	北京市海淀区	上交所	软件和信息技术服务业
天智航	北京市海淀区	上交所	专用设备制造业
键凯科技	北京市海淀区	上交所	化学原料及化学制品制造业
金科环境	北京市朝阳区	上交所	生态保护和环境治理业
慧辰股份	北京市海淀区	上交所	软件和信息技术服务业
奇安信	北京市西城区	上交所	软件和信息技术服务业
悦康药业	北京市大兴区	上交所	医药制造业

注：“*ST”表示存在较严峻的投资风险，后同。

4.2 北京上市公司品牌国际化进入路径分析

随着全球经济一体化进程的不断推进，北京企业的国际化进程不断加快。不同的企业在实施品牌国际化过程中有着不同的动因组合，动因组合的不同可能意味着品牌国际化路径选择上的差异。在企业品牌国际化的市场进入模式上，已研究总结出了“从不发达市场到发达市场”“从发达市场到不发达市场”“由近及远”“单点扩散”“中间路径”五种通用的路径。

第一种路径是从不发达市场到发达市场。这是一种从简单到困难的路径，有些企业可能在出海经验或者核心技术方面存在不足，因此发达市场的激烈竞争以及消费者的高要求可能会对这类企业造成较大困扰。而不发达市场由于经济发展相对落后，本土品牌实力不强，消费者要求不高，因而对于刚开始推动品牌国际化的企业比较友好，便于这类企业在这一市场积累经验、获取用户，进而进入发达市场。

第二种路径是从发达市场到不发达市场。这种路径适合一些在国内市场已取得一定的成绩与市场占有率的企业，这些企业的资本一般来讲比较雄厚。此种模式下，企业率先进入发达国家市场，与同在发达国家的其他品牌相互竞争，取得一定的成绩后，再进一步进入欠发达与不发达市场。

第三种路径是由近及远。由于同一文化圈的国家在地理上相互临近，因此对于一些文化特征较强的品牌，或者进入全球市场有困难的品牌，选择文化背景接近的邻近国家进行布局会更加简单，随后再以这些国家为跳板将市场扩展到其他国家。

第四种路径是单点扩散。根据品牌自身特点的不同，有些品牌可能在某些单一市场有更大的潜在消费群体和市场潜力，因此先进入这些单一市场有利于企业扩大品牌影响力。

第五种路径是中间路径。中等发达市场是一个竞争相对温和且品牌成长环境较好的市场，一些企业可以选择先在中等发达市场积累经验，然后再对进入发达市场或者进入不发达市场进行选择。

从以上五种路径中不难看出，“从发达市场向不发达市场”以及“从不发达市场向发达市场”的进入路径是一种跨越不同层次市场的品牌国际化路径，无论是从发达市场向不发达市场的“高端切入”路线还是从不发达市场进军发达市场的“低端切入”路线，企业的品牌国际化走的都是一种“跨越式”进入路径。而“由近及远”和“单点扩散”下的企业品牌国际化则是“渐进式”的，要求企业逐步积累经验、拓展技术，步步为营，循序渐进。“中间路径”要求企业选择适宜的市场环境，但这种市场不局限于国内市场，只要适宜企业品牌国际化的发展，就能同时兼顾国内外两个市场，统筹兼顾，多点发力。因此“中间路径”下的企业品牌国际化走的是类似于“平行式”的市场进军路线。

在对北京市 281 家上市公司的品牌路径进行调查后，我们将部分特征明显的企业分别归纳为渐进式品牌国际化企业、跨越式品牌国际化企业、平行式品牌国际化企业。渐进式品牌国际化企业一般来说其资金相对薄弱，管理经验并不成熟，销售渠道并未完全打开，如中国电建、金诚信、中色股份；平行式品牌国际化企业相对于渐进式品牌国际化企业有较为成熟的管理经验，资金相对充裕，也有一定的营销能力，选择进入欠发达市场是较为正确的选择，如中国医药、辰安科技；跨越式品牌国际化企业能在雄厚资金的支撑下进入发达市场，有极强的销售能力和完善的产品研发策略，管理经验成熟，如国投中鲁、华胜天成、利亚德。

4.2.1　渐进式品牌国际化企业

2016 年 3 月 10 日，中国电建集团国际工程有限公司在北京成立，该公司由中国电力建设集团有限公司（以下简称“中国电建”）海外事业部、中国水电建设集团国际工程有限公司和中国水电顾问集团国际工程有限公司重组而成，标志着中国电建国际业务开始走向集团化。中国电建确立了“五个统一”的国际业务原则，即“统一战略规划、统一品牌管理、统一市场布局和营销、统一履约监管、统一风险防范”，又根据地理、文化、法律的相似性和国别市场规模的均衡性，划分了全球国别市场，设立了东南非、中西非、中东北非、欧亚、亚太、美洲六个区域总部，并将区域总部定位成“五个中心”，这也是中国电建国际化的第一步。但目前中国电建的品牌发展市场主要在非洲国家、中东地区、拉丁美洲与环加勒比海国家，近年来承接了巴基斯坦卡西姆港燃煤电站、中老铁路、雅万高铁等中巴经济走廊和亚洲铁路的建设。

金诚信品牌国际化的首站在赞比亚。其于 2000 年开始进军赞比亚，经过 17 年的发展在非洲创立了自己的品牌。近年来，金诚信积极部署和实施国际化战略，从而真正进入与国外矿山合作的市场，在不懈努力下其国际化战略已取得一些成效：2012 年承接了 Vedanta 下属的赞比亚 KCM 铜矿深部开拓工程和采矿项目；2014 年承接了金川控股的赞比亚齐布卢马项目；2016 年签订了赞比亚鲁班比铜矿开拓掘进和采切工程合同；2017 年中标艾芬豪和紫金矿业投资的刚果（金）KAMOA 铜矿斜坡道工程；2017 年又中标 KCM 铜矿深部扩产基建和采矿的大单合同。可见，金诚信主要是通过开发国际项目来实现国际业务规模不断扩大的。

中色股份主要的目标市场为中东市场和东南亚市场，其中中东市场以伊朗、埃及、科威特、伊拉克、约旦等国家市场为代表，东南亚市场以新加坡、泰国、菲律宾、马来西亚等国家市场为代表，除此之外还有蒙古国、美国、智利等地市场。中色股份多次作为总承包商完成政府间合作重点项目，在国际有色金属市场上建立了良好的声誉。

4.2.2 平行式品牌国际化企业

中国医药跟进外国政府采购项目的开发和外交政策项目，在服务上向国际水准看齐，建立并完善医疗服务体系，把医疗服务输出到拉美、非洲等地的发展中国家。

辰安科技为其他国家构建完整的应急接触警报与指挥控制系统，在海外已服务超过 5 个国家，已经在南美、东南亚、非洲等地区取得了良好的工作成效。据了解，在未来的品牌国际化进程中，辰安科技计划对南美、东南亚、非洲市场进行覆盖，并开拓中亚、中东、俄罗斯等区域市场。

4.2.3　跨越式品牌国际化企业

国投中鲁选择先进入美国、日本、澳大利亚、加拿大等发达国家，当在所在发达国家的市场占有率稳定增长时，便向周边欠发达国家和地区发展。

华胜天成的品牌影响力覆盖北美、欧洲以及东南亚地区，通过区域间的产品、技术人员和客户等要素的共享和整合，推动企业国际化的发展。

利亚德的国际业务主要是为政府、大中型企事业单位提供中高端 LED 应用整体解决方案，公司的业务活动、产品销售涉及美国、英国、埃及、西班牙、澳大利亚、土耳其、巴西、科威特等 20 多个国家，初步形成了国际化的业务布局，使得公司的业务规模可以进一步扩大，品牌知名度在全球范围内可以进一步提升。

4.3　北京上市公司品牌国际化成长路径分析

通过对已有文献的检索、梳理与分析，在考虑了数据可获得性的基础上，本书对北京上市公司品牌国际化成长路径进行了界定，分为海外并购重组、绿地投资、合营与联营三种。下面将对北京上市公司品牌国际化成长路径进行产权性质与上市板块的比较与分析。

4.3.1　不同产权性质的成长路径

在本书所研究的 281 家北京上市公司中，有 102 家国有企业，1 家集体所有制企业，1 家行政机关、事业单位，145 家私营企业，30 家外商投资企业，2 家其他产权性质企业，可见中国有企业和私营企业是北京上市公司的主要组成部分。在 102 家国有企业中，只有 7 家企业选择了海外并购重组，所占比重非常低；有 83 家企业选择了绿地投资，占所调查国有企业公司总数的 81.4%，占比相对较高；而采用合营方式的只有 15 家，占比只有 14.7%；选择联营的有 30 家，占比为 29.4%。与国有企业相比，145 家私营企业中选择海外并购重组的有 14 家，占比仅为 9.7%；有 131 家企业选择绿地投资，占比高达 90.3%。仅有 3 家企业选择合营，占比最低；选择联营的有 26 家，占比为 17.9%。而在 30 家外商投资中有 23 家选择绿地投资，可见绿地投资无论在哪种产权性质的企业都是最多被选择的。表 4-2 为北京上市公司品牌国际化发展情况。

表 4-2　　北京上市公司品牌国际化发展情况

证券代码	证券简称	产权性质	上市板块	成长路径
000008	神州高铁	私营企业	主板	绿地投资
000046	泛海控股	私营企业	主板	海外并购重组、绿地投资、联营
000065	北方国际	国有企业	主板	绿地投资
000151	中成股份	国有企业	主板	绿地投资
000402	金融街	国有企业	主板	绿地投资
000605	渤海股份	私营企业	主板	未提及
000609	*ST 中迪	私营企业	主板	绿地投资
000620	新华联	国有企业	主板	绿地投资
000666	经纬纺机	国有企业	主板	绿地投资
000725	京东方 A	国有企业	主板	绿地投资、联营
000729	燕京啤酒	国有企业	主板	未提及
000758	中色股份	国有企业	主板	海外并购重组、绿地投资、联营
000786	北新建材	国有企业	主板	绿地投资
000798	中水渔业	国有企业	主板	绿地投资
000802	ST 北文	其他	主板	绿地投资
000839	中信国安	国有企业	主板	未提及
000882	华联股份	私营企业	主板	海外并购重组、绿地投资

续　表

证券代码	证券简称	产权性质	上市板块	成长路径
000931	中关村	私营企业	主板	未提及
000938	紫光股份	国有企业	主板	绿地投资
000969	安泰科技	国有企业	主板	未提及
000970	中科三环	外商投资企业	主板	未提及
002038	双鹭药业	私营企业	主板	绿地投资、联营
002051	中工国际	国有企业	主板	绿地投资、合营、联营
002065	东华软件	私营企业	主板	绿地投资
002148	北纬科技	私营企业	主板	未提及
002151	北斗星通	私营企业	主板	绿地投资、联营
002153	石基信息	私营企业	主板	海外并购重组、绿地投资、联营
002186	全聚德	国有企业	主板	未提及
002271	东方雨虹	私营企业	主板	绿地投资
002279	久其软件	私营企业	主板	未提及
002306	中科云网	私营企业	主板	未提及
002310	东方园林	私营企业	主板	未提及
002362	汉王科技	私营企业	主板	绿地投资
002371	北方华创	国有企业	主板	未提及
002373	千方科技	私营企业	主板	绿地投资
002383	合众思壮	私营企业	主板	绿地投资
002385	大北农	私营企业	主板	绿地投资
002392	北京利尔	私营企业	主板	绿地投资
002405	四维图新	国有企业	主板	绿地投资、联营

续 表

证券代码	证券简称	产权性质	上市板块	成长路径
002410	广联达	私营企业	主板	绿地投资
002439	启明星辰	私营企业	主板	绿地投资、联营
002467	二六三	私营企业	主板	绿地投资
002573	清新环境	私营企业	主板	绿地投资、合营
002599	盛通股份	私营企业	主板	海外并购重组、绿地投资
002612	朗姿股份	私营企业	主板	绿地投资、联营
002642	荣联科技	私营企业	主板	绿地投资、联营
002649	博彦科技	外商投资企业	主板	绿地投资
002657	中科金财	私营企业	主板	绿地投资
002658	雪迪龙	私营企业	主板	绿地投资
002659	凯文教育	国有企业	主板	绿地投资
002662	京威股份	外商投资企业	主板	海外并购重组
002701	奥瑞金	私营企业	主板	绿地投资、联营
002707	众信旅游	私营企业	主板	绿地投资、联营
002713	东易日盛	私营企业	主板	未提及
002721	金一文化	私营企业	主板	未提及
002738	中矿资源	私营企业	主板	绿地投资
002739	万达电影	私营企业	主板	绿地投资、联营
002755	奥赛康	私营企业	主板	绿地投资
002819	东方中科	外商投资企业	主板	海外并购重组
002878	元隆雅图	私营企业	主板	绿地投资
002955	鸿合科技	外商投资企业	主板	绿地投资
003001	中岩大地	私营企业	主板	绿地投资

续　表

证券代码	证券简称	产权性质	上市板块	成长路径
003007	直真科技	私营企业	主板	绿地投资
300002	神州泰岳	私营企业	创业板	绿地投资
300003	乐普医疗	外商投资企业	创业板	绿地投资、联营
300010	豆神教育	私营企业	创业板	绿地投资
300011	鼎汉技术	私营企业	创业板	绿地投资
300036	超图软件	私营企业	创业板	绿地投资
300038	* ST 数知	私营企业	创业板	绿地投资
300045	华力创通	私营企业	创业板	绿地投资
300058	蓝色光标	私营企业	创业板	海外并购重组、绿地投资、联营
300065	海兰信	私营企业	创业板	绿地投资、联营
300070	碧水源	私营企业	创业板	绿地投资
300071	* ST 嘉信	私营企业	创业板	绿地投资
300072	三聚环保	私营企业	创业板	绿地投资
300073	当升科技	国有企业	创业板	绿地投资
300079	数码视讯	私营企业	创业板	绿地投资
300081	恒信东方	私营企业	创业板	绿地投资、联营
300117	嘉寓股份	外商投资企业	创业板	绿地投资
300139	晓程科技	国有企业	创业板	绿地投资
300150	世纪瑞尔	私营企业	创业板	绿地投资
300157	恒泰艾普	私营企业	创业板	绿地投资、联营
300166	东方国信	私营企业	创业板	绿地投资
300182	捷成股份	私营企业	创业板	绿地投资、合营

续 表

证券代码	证券简称	产权性质	上市板块	成长路径
300191	潜能恒信	私营企业	创业板	海外并购重组、绿地投资
300204	舒泰神	私营企业	创业板	绿地投资
300212	易华录	国有企业	创业板	绿地投资
300223	北京君正	私营企业	创业板	海外并购重组、绿地投资
300229	拓尔思	私营企业	创业板	绿地投资
300231	银信科技	私营企业	创业板	绿地投资
300251	光线传媒	私营企业	创业板	绿地投资
300282	三盛教育	私营企业	创业板	未提及
300287	飞利信	私营企业	创业板	未提及
300289	利德曼	外商投资企业	创业板	未提及
300291	华录百纳	国有企业	创业板	未提及
300296	利亚德	私营企业	创业板	绿地投资
300302	同有科技	私营企业	创业板	绿地投资
300309	吉艾科技	外商投资企业	创业板	绿地投资
300312	*ST 邦讯	私营企业	创业板	绿地投资
300315	掌趣科技	私营企业	创业板	绿地投资、联营
300318	博晖创新	私营企业	创业板	海外并购重组、绿地投资
300324	旋极信息	私营企业	创业板	绿地投资
300332	天壕环境	私营企业	创业板	绿地投资
300344	立方数科	私营企业	创业板	绿地投资
300352	北信源	私营企业	创业板	绿地投资
300353	东土科技	私营企业	创业板	绿地投资
300364	中文在线	私营企业	创业板	绿地投资、联营

续　表

证券代码	证券简称	产权性质	上市板块	成长路径
300365	恒华科技	私营企业	创业板	绿地投资
300367	ST 网力	私营企业	创业板	绿地投资
300369	绿盟科技	私营企业	创业板	绿地投资
300370	*ST 安控	私营企业	创业板	绿地投资
300379	东方通	私营企业	创业板	未提及
300383	光环新网	私营企业	创业板	绿地投资
300384	三联虹普	私营企业	创业板	绿地投资
300386	飞天诚信	私营企业	创业板	绿地投资、联营
300406	九强生物	外商投资企业	创业板	海外并购重组、绿地投资
300418	昆仑万维	私营企业	创业板	海外并购重组、绿地投资、联营
300419	浩丰科技	私营企业	创业板	未提及
300430	诚益通	私营企业	创业板	绿地投资
300445	康斯特	私营企业	创业板	绿地投资
300456	赛微电子	私营企业	创业板	海外并购重组、绿地投资
300465	高伟达	外商投资企业	创业板	绿地投资
300477	合纵科技	私营企业	创业板	海外并购重组、绿地投资
300485	赛升药业	私营企业	创业板	绿地投资
300496	中科创达	外商投资企业	创业板	绿地投资、联营
300523	辰安科技	国有企业	创业板	绿地投资
300593	新雷能	私营企业	创业板	绿地投资
300608	思特奇	私营企业	创业板	绿地投资
300612	宣亚国际	私营企业	创业板	绿地投资、联营

续 表

证券代码	证券简称	产权性质	上市板块	成长路径
300661	圣邦股份	外商投资企业	创业板	海外并购重组、绿地投资
300662	科锐国际	外商投资企业	创业板	海外并购重组、绿地投资
300663	科蓝软件	私营企业	创业板	绿地投资
300667	必创科技	私营企业	创业板	绿地投资
300674	宇信科技	外商投资企业	创业板	海外并购重组、绿地投资
300684	中石科技	私营企业	创业板	绿地投资
300736	百邦科技	私营企业	创业板	绿地投资
300759	康龙化成	外商投资企业	创业板	海外并购重组、绿地投资
300773	拉卡拉	私营企业	创业板	绿地投资
300785	值得买	私营企业	创业板	绿地投资
300788	中信出版	国有企业	创业板	绿地投资
300797	钢研纳克	外商投资企业	创业板	绿地投资
300825	阿尔特	外商投资企业	创业板	绿地投资、合营
300846	首都在线	私营企业	创业板	绿地投资
300887	谱尼测试	私营企业	创业板	绿地投资
300896	爱美客	外商投资企业	创业板	未提及
600008	首创环保	国有企业	主板	海外并购重组、绿地投资、合营
600011	华能国际	国有企业	主板	海外并购重组、绿地投资
600015	华夏银行	国有企业	主板	未提及
600016	民生银行	其他	主板	绿地投资
600028	中国石化	国有企业	主板	绿地投资、合营、联营
600031	三一重工	私营企业	主板	绿地投资

续　表

证券代码	证券简称	产权性质	上市板块	成长路径
600050	中国联通	国有企业	主板	绿地投资
600056	中国医药	国有企业	主板	绿地投资
600058	五矿发展	国有企业	主板	未提及
600062	华润双鹤	私营企业	主板	绿地投资
600085	同仁堂	国有企业	主板	绿地投资、合营、联营
600100	同方股份	国有企业	主板	绿地投资、联营
600118	中国卫星	国有企业	主板	联营
600138	中青旅	国有企业	主板	绿地投资
600155	华创阳安	私营企业	主板	未提及
600166	福田汽车	国有企业	主板	绿地投资、联营
600195	中牧股份	国有企业	主板	未提及
600198	*ST 大唐	国有企业	主板	绿地投资
600206	有研新材	国有企业	主板	绿地投资
600246	万通发展	私营企业	主板	绿地投资、联营
600258	首旅酒店	国有企业	主板	绿地投资、联营
600271	航天信息	国有企业	主板	绿地投资
600288	大恒科技	私营企业	主板	绿地投资
600299	安迪苏	国有企业	主板	海外并购重组、绿地投资、合营
600361	华联综超	私营企业	主板	绿地投资
600376	首开股份	国有企业	主板	绿地投资
600405	动力源	私营企业	主板	绿地投资
600410	华胜天成	私营企业	主板	海外并购重组、绿地投资、联营

续 表

证券代码	证券简称	产权性质	上市板块	成长路径
600429	三元股份	国有企业	主板	绿地投资
600485	*ST 信威	私营企业	主板	绿地投资
600528	中铁工业	国有企业	主板	绿地投资
600536	中国软件	国有企业	主板	绿地投资
600582	天地科技	国有企业	主板	绿地投资
600588	用友网络	私营企业	主板	海外并购重组、绿地投资
600657	信达地产	国有企业	主板	未提及
600658	电子城	国有企业	主板	未提及
600730	中国高科	私营企业	主板	绿地投资
600733	北汽蓝谷	外商投资企业	主板	联营
600764	中国海防	国有企业	主板	未提及
600855	航天长峰	国有企业	主板	未提及
600856	*ST 中天	外商投资企业	主板	绿地投资
600859	王府井	国有企业	主板	绿地投资
600860	京城股份	国有企业	主板	绿地投资
600871	石化油服	国有企业	主板	合营
600886	国投电力	国有企业	主板	绿地投资、合营、联营
600900	长江电力	国有企业	主板	海外并购重组、绿地投资、联营
600962	国投中鲁	国有企业	主板	绿地投资
600968	海油发展	国有企业	主板	绿地投资、联营
600977	中国电影	国有企业	主板	未提及
601016	节能风电	国有企业	主板	绿地投资

续　表

证券代码	证券简称	产权性质	上市板块	成长路径
601066	中信建投	国有企业	主板	绿地投资
601068	中铝国际	国有企业	主板	绿地投资
601088	中国神华	国有企业	主板	绿地投资
601101	昊华能源	国有企业	主板	绿地投资、联营
601111	中国国航	国有企业	主板	绿地投资、联营
601117	中国化学	国有企业	主板	绿地投资、合营、联营
601126	四方股份	私营企业	主板	绿地投资
601186	中国铁建	国有企业	主板	未提及
601198	东兴证券	国有企业	主板	绿地投资
601288	农业银行	国有企业	主板	绿地投资、联营
601319	中国人保	国有企业	主板	绿地投资
601336	新华保险	国有企业	主板	绿地投资、联营
601390	中国中铁	国有企业	主板	绿地投资、联营
601398	工商银行	国有企业	主板	绿地投资、联营
601598	中国外运	国有企业	主板	海外并购重组、绿地投资、合营、联营
601600	中国铝业	国有企业	主板	绿地投资
601618	中国中冶	国有企业	主板	绿地投资
601628	中国人寿	国有企业	主板	绿地投资、合营、联营
601668	中国建筑	国有企业	主板	绿地投资、合营、联营
601669	中国电建	国有企业	主板	绿地投资、联营
601698	中国卫通	国有企业	主板	绿地投资、联营
601718	际华集团	国有企业	主板	绿地投资

续　表

证券代码	证券简称	产权性质	上市板块	成长路径
601766	中国中车	国有企业	主板	绿地投资、联营
601800	中国交建	国有企业	主板	绿地投资、合营
601818	光大银行	国有企业	主板	绿地投资
601857	中国石油	国有企业	主板	绿地投资、合营
601858	中国科传	国有企业	主板	绿地投资
601881	中国银河	国有企业	主板	绿地投资
601886	江河集团	私营企业	主板	绿地投资
601888	中国中免	国有企业	主板	联营
601898	中煤能源	国有企业	主板	绿地投资
601908	京运通	私营企业	主板	绿地投资
601939	建设银行	国有企业	主板	绿地投资、合营
601985	中国核电	国有企业	主板	绿地投资
601988	中国银行	国有企业	主板	未提及
601989	中国重工	国有企业	主板	绿地投资
601991	大唐发电	国有企业	主板	海外并购重组、绿地投资、联营
601992	金隅集团	外商投资企业	主板	绿地投资、合营、联营
601995	中金公司	外商投资企业	主板	绿地投资
601998	中信银行	国有企业	主板	绿地投资、合营、联营
603000	人民网	国有企业	主板	绿地投资、联营
603060	国检集团	国有企业	主板	绿地投资
603087	甘李药业	私营企业	主板	绿地投资
603098	森特股份	私营企业	主板	绿地投资

续　表

证券代码	证券简称	产权性质	上市板块	成长路径
603123	翠微股份	国有企业	主板	绿地投资
603127	昭衍新药	私营企业	主板	绿地投资
603138	海量数据	私营企业	主板	绿地投资
603267	鸿远电子	私营企业	主板	绿地投资
603516	淳中科技	私营企业	主板	绿地投资
603533	掌阅科技	私营企业	主板	绿地投资
603569	长久物流	私营企业	主板	绿地投资
603588	高能环境	私营企业	主板	绿地投资
603590	康辰药业	私营企业	主板	海外并购重组、绿地投资
603603	博天环境	私营企业	主板	绿地投资、联营
603613	国联股份	私营企业	主板	绿地投资
603616	韩建河山	集体所有制企业	主板	绿地投资
603778	乾景园林	私营企业	主板	绿地投资
603803	瑞斯康达	私营企业	主板	绿地投资
603818	曲美家居	私营企业	主板	绿地投资
603825	华扬联众	私营企业	主板	绿地投资、联营
603859	能科科技	私营企业	主板	绿地投资
603871	嘉友国际	私营企业	主板	绿地投资
603888	新华网	国有企业	主板	绿地投资
603903	中持股份	外商投资企业	主板	未提及
603927	中科软	行政机关、事业单位	主板	绿地投资
603970	中农立华	国有企业	主板	绿地投资
603979	金诚信	私营企业	主板	绿地投资、联营

续 表

证券代码	证券简称	产权性质	上市板块	成长路径
603986	兆易创新	外商投资企业	主板	海外并购重组、绿地投资
688009	中国通号	国有企业	中小板	绿地投资
688015	交控科技	国有企业	中小板	绿地投资
688033	天宜上佳	私营企业	中小板	联营
688051	佳华科技	私营企业	中小板	绿地投资
688056	莱伯泰科	外商投资企业	中小板	绿地投资
688066	航天宏图	私营企业	中小板	绿地投资
688068	热景生物	私营企业	中小板	绿地投资
688080	映翰通	私营企业	中小板	绿地投资
688111	金山办公	外商投资企业	中小板	海外并购重组、绿地投资
688169	石头科技	外商投资企业	中小板	绿地投资
688200	华峰测控	私营企业	中小板	绿地投资
688256	寒武纪	私营企业	中小板	绿地投资
688277	天智航	私营企业	中小板	绿地投资
688356	键凯科技	外商投资企业	中小板	绿地投资
688466	金科环境	外商投资企业	中小板	绿地投资
688500	慧辰股份	私营企业	中小板	绿地投资
688561	奇安信	私营企业	中小板	绿地投资、合营、联营
688658	悦康药业	私营企业	中小板	绿地投资

国有企业和私营企业在北京上市公司中占绝大多数，通过对比国有企业和私营企业的品牌国际化成长方式，我们不难得出一个结论：国有企业品牌国际化成长方式更加多样化，具体原因如下。

（1）大型国有企业竞争力强

有些大型国有企业具有极强的竞争力，客户相对来说较多。以我国国有企业四大银行为例，四大银行的累积用户总数超过 10 亿人，许多企业员工的工资卡都在四大银行办理。根据路径依赖理论，办理一张新，银行卡所付出的成本要比使用原有的银行卡高。在银行利率接近的基础上，因为储蓄率较高，四大银行得到了更多资产上的回报，由此能进行更大范围的推广，海外用户也越来越多，口碑也越来越好，海外品牌影响力也越来越大，从而更有利于品牌国际化的推广。因此，某些大型国有企业会利用自身的这些特点通过多种方式提高企业在国际上的品牌影响力。而私营企业相对于国有企业就较为弱势，因此其品牌国际化成长方式不像国有企业那样丰富。

（2）受国外消费者心理的影响

面对相同种类的商品时，消费者会根据对商品生产企业的熟悉度来选择。在国有企业的发展上，国家给予了强有力的支持，因此在品牌国际化的发展过程中，消费者会认为国有企业的产品或服务更可靠，对国有企业品牌更为信任。外国消费者虽然对我国企业的熟悉程度普遍不高，但一定熟悉“China”。根据我国企业名称制定的相关准则，私营企业是不能以“中国”“全国”“国家”等字眼命名的，而我国国有企业可以充分利用国家的支持来以这些字眼命名，因此在国外消费者普遍对中国企业认知程度较低的情况下，通常会优先选择国有企业提供的产品或服务，这有利于国有企业品牌国际化的发展。

（3）国有企业得到的政策支持较多

当前，我国经济发展进入了新的阶段，世界经济发展格局也在发生变化。我国国有企业处在全面深化改革的关键阶段，根据国有企业的发展状况，国家颁布了一系列的法规和政策。因此，北京国有企业能在第一时间享受到国家对国有企业发展政策的支持，在品牌国际化的过程中，国家会给予相应的政策鼓励。

除此以外，北京上市国有企业善于吸收和借鉴国外优秀企业的长处，不断改进自身的缺点。从我国企业发展的实践来看，对于向国外优秀企业学习的企业，能完善董事会的运作机制，强化对经理层的监督，增强企业的凝聚力。在此基础上，北京国有企业积极走出去，在国际上树立了良好的企业和国家形象。

4.3.2 不同上市板块的成长路径

北京上市公司板块有三种，分别为主板、中小板和创业板。在北京281家上市公司中，有181家主板上市公司，占比为64.4%，其中使用海外并购重组方式的有17家，占主板上市公司总数的9.4%，相对来说较少；使用绿地投资方式的有149家，占主板上市公司总数的82.3%；使用合营方式的有17家，占比与海外并购重组一样；使用联营方式的有47家，占比为26.0%。在18家中小板上市公司中，有17家选择绿地投资的品牌国际化成长路径。在82家创业板上市公司中，有12家选择了海外并购重组的方式，有75家选择了绿地投资的方式，有2家选择了合营的方式，有11家选择了联营的方式，占比分别为14.6%、91.5%、2.4%和13.4%。

从表4-2中可以看出，北京上市公司大多为主板上市公司，主板上市公司品牌国际化的成长路径更加多样化，原因如下。

第一，主板上市公司企业规模较大，且很多是从中小企业发展而来的，经过多年的积累，有较为稳定的目标市场和客户源，因此具有良好的品牌扩张基础和品牌发展的意识，品牌国际化的成长路径选择也较多，具有一定的竞争优势；相比较而言，中小板上市公司和创业板上市公司规模较小，发展时间可能没有主板上市公司长，经验相对不足，经济基础也相对薄弱，因此品牌国际化的发展过程中要承担更大更多的风险，在品牌国际化的方式上也更加谨慎。

第二，主板上市公司资金雄厚，抗风险能力强，可以筹到更多资金来发展，有推动品牌建设和品牌发展的经济基础和融资能力，因此企业品牌国际化的成长路径较为多样。品牌国际化的发展是一个长期的过程，不是一朝一夕就能完成的，品牌的知名度是日积月累出来的。资金雄厚的大型主板上市公司，在海外市场开拓的过程中能更好地应对未知的风险。在主板上市公司的品牌国际化发展过程中，因资源和资金都较为充沛，在某一海外市场获得成功，就可以积累经验并将经验用于开拓其他海外市场。而创业板和中小板上市公司融资能力不足，无法做出长期的品牌国际化战略，只关注眼前的利益得失而忽略了品牌价值的长期提升，只能缓慢推进企业国际化进程。

第三，主板上市公司的规范程度较高，具有多年的管理经验，更有利于建立现代企业制度，能够快速学习西方国家先进制度，国际化运营模式也更加成熟，规范的治理结构能够有效提升企业的治理能力和管理水平，因此在品牌国际化过程中更能做出更科学的决策。

第四，在主板上市的公司，能提升企业的知名度和企业的品牌价值，扩大品牌影响力。

4.4　北京上市公司品牌国际化发展深度分析

企业品牌国际化经营分为两个方面：一是品牌国际化深度，指企业在某一特定海外市场中的资源投入程度；二是品牌国际化广度，指企业在海外市场的拓展范围和广泛程度。本节针对北京上市公司品牌国际化的发展深度展开分析。随着国际业务的开拓，企业获得了更大的市场份额，可以更好地利用自身，如区位优势、内部化优势和规模优势等。与此同时，品牌国际化也会产生更多的成本，如企业要承担关税、交通运输以及和国外利益相关者的沟通成本等。品牌国际化的发展深度深刻影响着企业各方面的绩效表现，因此要对北京上市公司品牌国际化发展的深度进行细化分析。

在基于业绩的品牌国际化深度指标中，最具代表性的有海外销售额在企业销售总额中的比重、海外资产在企业总资产中的比重、海外雇员在企业雇员总数中的比重。海外销售额在企业销售总额中的比重侧重于评估跨国企业对海外市场的依赖程度，而海外资产在企业总资产中的比重更侧重于评估跨国企业对海外生产的依赖程度。考虑到评估可操作性、数据可获取性与时间成本，本书选取其中两个指标进行品牌国际化深度的衡量，一个是海外业务收入比例，另一个是海外关联公司资产比例。

4.4.1　海外业务收入比例指标

海外业务收入比例侧重于评估跨国企业对海外市场的依赖程度。我们通过海外业务收入比例指标对北京上市公司品牌国际化深度进行了统一测量，从中筛选出海外业务收入比例排名前20的企业，对这些企业进行深入分析。统计截止日期为2020年12月31日。

1. 综合情况

表4-3为海外业务收入比例排名前20的企业。经调研，北京上市公司中国际化程度最高的20家企业分别是晓程科技、中成股份、国投中鲁、康龙化成、北京君正、兆易创新、*ST中天、北方国际、神州泰岳、汉王科技、热景生物、曲美家居、中矿资源、*ST数知、掌趣科技、三联虹普、中文在线、二六三、三聚环保、圣邦股份。其中，海外业务收入比例最高的是晓程科技达到了95.6275%，最低的为圣邦股份，也达到了50.6767%。海外业务收入比例在50%~60%的上市公司有9家，在60%~70%的上市公司有4家，在70%~80%的上市公司有2家，在80%~90%的上市公司有3家，在90%以上的上市公司有2家。

表4-3　　海外业务收入比例排名前20的企业

证券代码	证券简称	海外业务收入（亿元）	海外业务收入比例（%）	统计截止日期
300139	晓程科技	1.76	95.6275	2020-12-31
000151	中成股份	7.11	91.1326	2020-12-31
600962	国投中鲁	10	87.2388	2020-12-31
300759	康龙化成	44.3	86.3601	2020-12-31
300223	北京君正	17.9	82.8610	2020-12-31
603986	兆易创新	35.3	78.6170	2020-12-31
600856	*ST中天	4.17	75.2623	2020-12-31
000065	北方国际	84.1	65.5169	2020-12-31
300002	神州泰岳	23.2	64.6801	2020-12-31
002362	汉王科技	9.68	62.3003	2020-12-31

续　表

证券代码	证券简称	海外业务收入（亿元）	海外业务收入比例（%）	统计截止日期
688068	热景生物	3. 15	61. 4433	2020-12-31
603818	曲美家居	25. 3	59. 2050	2020-12-31
002738	中矿资源	7. 53	59. 0524	2020-12-31
300038	* ST 数知	26. 1	57. 8769	2020-12-31
300315	掌趣科技	10. 1	56. 2423	2020-12-31
300384	三联虹普	4. 77	54. 5330	2020-12-31
300364	中文在线	5. 19	53. 2698	2020-12-31
002467	二六三	5. 04	52. 0221	2020-12-31
300072	三聚环保	36. 4	51. 1584	2020-12-31
300661	圣邦股份	6. 06	50. 6767	2020-12-31

除此之外，以海外业务收入为衡量指标，还筛选了北京上市公司海外业务收入排名前 20 的企业，如表 4-4 所示。该指标下的企业与海外业务收入比例指标下的企业有很大差距。海外业务收入排名前 20 的北京上市公司，其海外业务收入比例都相对偏低。其中，海外业务收入比例最高的是北方国际，为 65. 5169%；其他企业的海外业务收入比例均不超过 50%。从证券简称中可以看出，该部分企业多处在金融行业。

表 4-4　　　　海外业务收入排名前 20 的企业

证券代码	证券简称	海外业务收入（亿元）	海外业务收入比例（%）	统计截止日期
601398	工商银行	1266	14. 3515	2020-12-31
601988	中国银行	1112	19. 6735	2020-12-31
601800	中国交建	991	15. 7946	2020-12-31
601668	中国建筑	896	5. 5505	2020-12-31

续 表

证券代码	证券简称	海外业务收入（亿元）	海外业务收入比例（%）	统计截止日期
601669	中国电建	675	16.8349	2020-12-31
000725	京东方 A	548	40.4975	2020-12-31
601288	农业银行	445	6.7633	2020-12-31
601186	中国铁建	387	4.2516	2020-12-31
601117	中国化学	241	22.1008	2020-12-31
601939	建设银行	213	2.8212	2020-12-31
601618	中国中冶	178	4.4568	2020-12-31
601111	中国国航	175	25.2505	2020-12-31
601766	中国中车	170	7.4956	2020-12-31
600031	三一重工	141	14.1978	2020-12-31
601989	中国重工	140	40.1206	2020-12-31
600016	民生银行	115	6.2644	2020-12-31
600871	石化油服	113	16.6453	2020-12-31
600011	华能国际	106	6.3149	2020-12-31
601600	中国铝业	86.4	4.6463	2020-12-31
000065	北方国际	84.1	65.5169	2020-12-31

2. 上市企业市场情况

从上市企业市场情况来看，以海外收入比例为衡量指标的北京上市公司，排名前 20 的企业主要在深圳证券交易所上市。如图 4-1 所示，上海证券交易所所占比例仅为 25%，深圳证券交易所所占比例高达 75%，即前 20 家企业中有 1/4 的企业在上海证券交易所上市，3/4 的企业在深圳证券交易所上市。从表 4-5 中可知，海外业务收入比例前 20 的企业中，于 2000 年前上市的仅有 2 家，2000 年至 2010 年上市的有 8 家，2011 年至 2020 年上市的有 10 家。

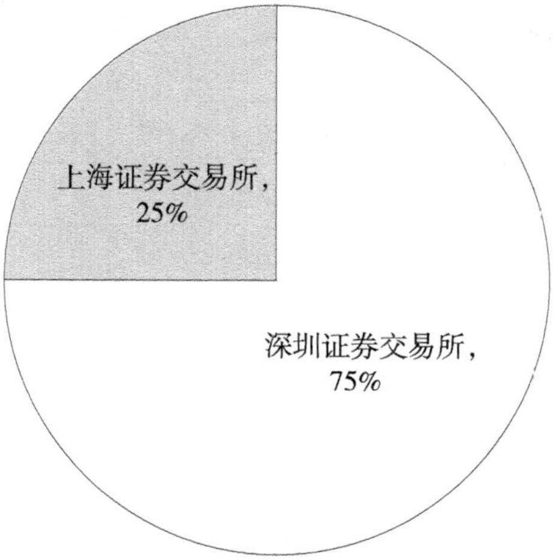

图 4-1　海外业务收入比例排名前 20 的上市企业市场分布情况

表 4-5　海外业务收入比例排名前 20 的企业上市市场情况

证券代码	证券简称	上市日期	上市市场
300139	晓程科技	2010-11-12	深圳证券交易所
000151	中成股份	2000-09-06	深圳证券交易所
600962	国投中鲁	2004-06-22	上海证券交易所
300759	康龙化成	2019-01-28	深圳证券交易所
300223	北京君正	2011-05-31	深圳证券交易所
603986	兆易创新	2016-08-18	上海证券交易所
600856	*ST 中天	1994-04-25	上海证券交易所
000065	北方国际	1998-06-05	深圳证券交易所
300002	神州泰岳	2009-10-30	深圳证券交易所
002362	汉王科技	2010-03-03	深圳证券交易所
688068	热景生物	2019-09-30	上海证券交易所
603818	曲美家居	2015-04-22	上海证券交易所
002738	中矿资源	2014-12-30	深圳证券交易所
300038	*ST 数知	2010-01-08	深圳证券交易所
300315	掌趣科技	2012-05-11	深圳证券交易所

续　表

证券代码	证券简称	上市日期	上市市场
300384	三联虹普	2014-08-01	深圳证券交易所
300364	中文在线	2015-01-21	深圳证券交易所
002467	二六三	2010-09-08	深圳证券交易所
300072	三聚环保	2010-04-27	深圳证券交易所
300661	圣邦股份	2017-06-06	深圳证券交易所

3. 上市企业板块情况

从上市企业板块情况来看，海外业务收入比例排名前 20 的上市企业主要分布在创业板。从表 4-6 中可知，排名第一的晓程科技，以及康龙化成、北京君正、神州泰岳、* ST 数知、掌趣科技、三联虹普、中文在线、三聚环保、圣邦股份都属于创业板块企业。如图 4-2 所示，创业板块企业占比高达 50%，主板企业占比为 45%，中小板企业占比为 5%，即海外业务收入比例排名前 20 的企业中有 10 家企业都处于创业板，9 家处于主板，1 家处于中小板。

表 4-6　　　　海外业务收入比例排名前 20 的企业上市板块情况

证券代码	证券简称	上市日期	上市板块
300139	晓程科技	2010-11-12	创业板
000151	中成股份	2000-09-06	主板
600962	国投中鲁	2004-06-22	主板
300759	康龙化成	2019-01-28	创业板
300223	北京君正	2011-05-31	创业板
603986	兆易创新	2016-08-18	主板
600856	* ST 中天	1994-04-25	主板
000065	北方国际	1998-06-05	主板
300002	神州泰岳	2009-10-30	创业板
002362	汉王科技	2010-03-03	主板

续　表

证券代码	证券简称	上市日期	上市板块
688068	热景生物	2019-09-30	中小板
603818	曲美家居	2015-04-22	主板
002738	中矿资源	2014-12-30	主板
300038	* ST 数知	2010-01-08	创业板
300315	掌趣科技	2012-05-11	创业板
300384	三联虹普	2014-08-01	创业板
300364	中文在线	2015-01-21	创业板
002467	二六三	2010-09-08	主板
300072	三聚环保	2010-04-27	创业板
300661	圣邦股份	2017-06-06	创业板

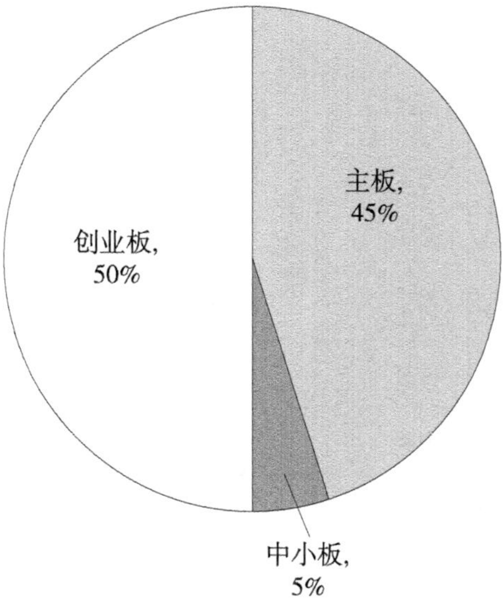

图 4-2　海外业务收入比例排名前 20 的企业上市板块分布情况

4. 产权性质情况

从产权性质情况来看，以海外业务收入比例为衡量指标的北京上市公司中，海外业务收入比例排名前20的企业主要为私营企业。从表4-7中可知，私营企业数量多但排名靠后，其中北京君正、神州泰岳、汉王科技、热景生物、曲美家居、中矿资源、*ST数知、掌趣科技、三联虹普、中文在线、二六三、三聚环保都为私营企业；国有企业数量少但排名靠前，排名前三的晓程科技、中成股份和国投中鲁都为国有企业。如图4-3所示，私营企业占比高达60%，中外合资经营企业与国有企业均为20%。海外业务收入比例排名前20的企业中不涉及集体所有制企业、外商投资企业、中外合作经营企业、行政机关和事业单位。

表4-7 海外业务收入比例排名前20的上市企业产权性质情况

证券代码	证券简称	上市日期	产权性质
300139	晓程科技	2010-11-12	国有企业
000151	中成股份	2000-09-06	国有企业
600962	国投中鲁	2004-06-22	国有企业
300759	康龙化成	2019-01-28	中外合资经营企业
300223	北京君正	2011-05-31	私营企业
603986	兆易创新	2016-08-18	中外合资经营企业
600856	*ST中天	1994-04-25	中外合资经营企业
000065	北方国际	1998-06-05	国有企业
300002	神州泰岳	2009-10-30	私营企业
002362	汉王科技	2010-03-03	私营企业
688068	热景生物	2019-09-30	私营企业
603818	曲美家居	2015-04-22	私营企业
002738	中矿资源	2014-12-30	私营企业
300038	*ST数知	2010-01-08	私营企业
300315	掌趣科技	2012-05-11	私营企业

续　表

证券代码	证券简称	上市日期	产权性质
300384	三联虹普	2014-08-01	私营企业
300364	中文在线	2015-01-21	私营企业
002467	二六三	2010-09-08	私营企业
300072	三聚环保	2010-04-27	私营企业
300661	圣邦股份	2017-06-06	中外合资经营企业

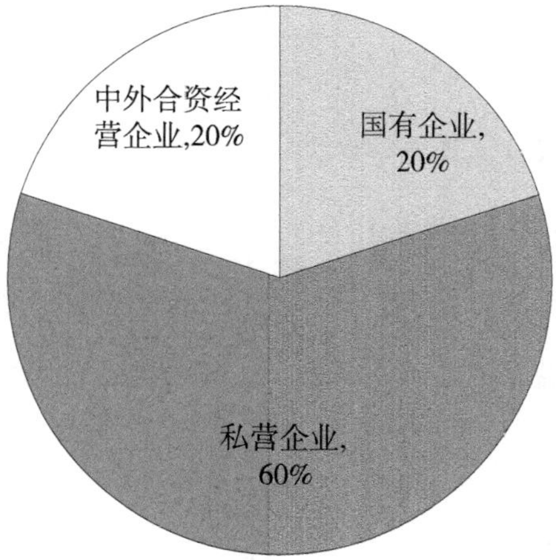

图 4-3　海外业务收入比例排名前 20 的上市企业产权性质分布情况

5. 所处行业情况

从所处行业情况来看，以海外业务收入比例为衡量指标的北京上市公司中，大多从事计算机、通信和其他电子设备制造业。从表 4-8 中可知，海外业务收入比例排名前 20 的上市企业从事的行业有计算机、通信和其他电子设备制造业，批发业，酒、饮料和精制茶制造业，研究和试验发展，燃气生产和供应业，土木工程建筑业，软件和信息技术服务业，医药制造业，家具制造业，有色金属冶炼及压延加工业，互联网和相关服务业，专业技术服务业，新闻和出版业，化学原料及化学制品制造业，其中制造业有 9 家。如图 4-4 所示，计算机、通信和其他电子设备制造业占比高达 25%，互联网和相关服务业占比为 15%，其余行业占比均为 5%。

表 4-8　　海外业务收入比例排名前 20 的上市企业所处行业情况

证券代码	证券简称	上市日期	行业名称
300139	晓程科技	2010-11-12	计算机、通信和其他电子设备制造业
000151	中成股份	2000-09-06	批发业
600962	国投中鲁	2004-06-22	酒、饮料和精制茶制造业
300759	康龙化成	2019-01-28	研究和试验发展
300223	北京君正	2011-05-31	计算机、通信和其他电子设备制造业
603986	兆易创新	2016-08-18	计算机、通信和其他电子设备制造业
600856	*ST 中天	1994-04-25	燃气生产和供应业
000065	北方国际	1998-06-05	土木工程建筑业
300002	神州泰岳	2009-10-30	软件和信息技术服务业
002362	汉王科技	2010-03-03	计算机、通信和其他电子设备制造业
688068	热景生物	2019-09-30	医药制造业
603818	曲美家居	2015-04-22	家具制造业
002738	中矿资源	2014-12-30	有色金属冶炼及压延加工业
300038	*ST 数知	2010-01-08	互联网和相关服务
300315	掌趣科技	2012-05-11	互联网和相关服务
300384	三联虹普	2014-08-01	专业技术服务业
300364	中文在线	2015-01-21	新闻和出版业
002467	二六三	2010-09-08	互联网和相关服务业
300072	三聚环保	2010-04-27	化学原料及化学制品制造业
300661	圣邦股份	2017-06-06	计算机、通信和其他电子设备制造业

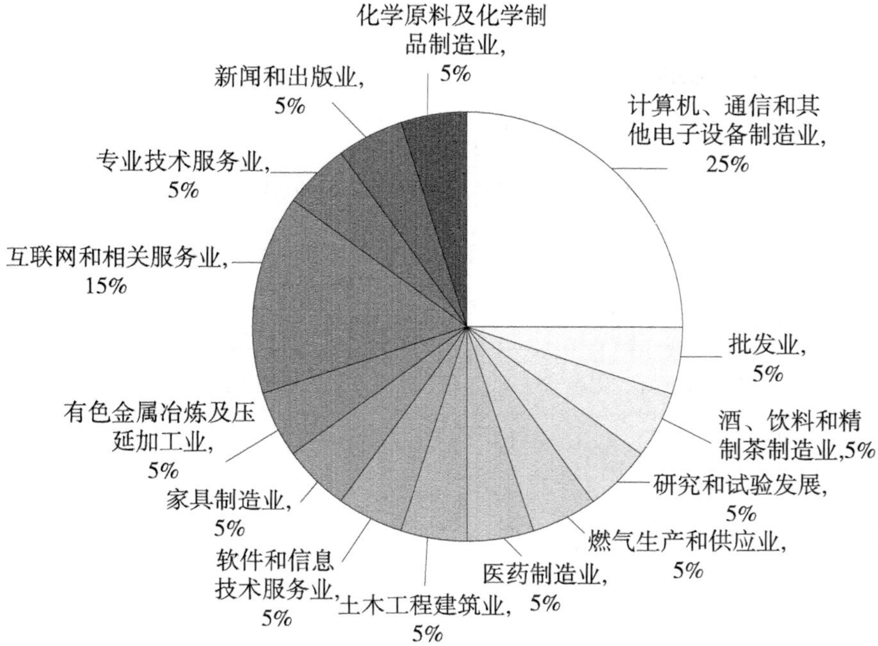

图 4-4　海外业务收入比例排名前 20 的上市企业所处行业分布情况

6. 注册地情况

从注册地情况来看，以海外业务收入比例为衡量指标的北京上市公司中，海外业务收入比例排名前 20 的企业注册地多为海淀区。从表 4-9 中可知，注册地有海淀区、丰台区、大兴区（北京经济技术开发区位于大兴区）、东城区、顺义区、西城区、昌平区，共七个区，约占北京所有城区的 44%，朝阳区、石景山区、通州区、房山区、门头沟区、平谷区、密云区、怀柔区、延庆区均未涉及，说明海外业务收入比例排名前 20 的企业的注册地较为集中。如图 4-5 所示，海淀区占比 45%，位居第一；丰台区占比 20%，位居第二；大兴区、东城区占比为 10%；顺义区、西城区和昌平区占比均为 5%。

表 4-9　海外业务收入比例排名前 20 的企业注册地情况

证券代码	证券简称	上市日期	注册地址
300139	晓程科技	2010-11-12	北京市海淀区西三环北路 87 号国际财经中心

续 表

证券代码	证券简称	上市日期	注册地址
000151	中成股份	2000-09-06	北京市丰台区南四环西路 188 号二区 8 号楼
600962	国投中鲁	2004-06-22	北京市丰台区科兴路 7 号 205 室
300759	康龙化成	2019-01-28	北京市北京经济技术开发区泰河路 6 号 1 幢
300223	北京君正	2011-05-31	北京市海淀区西北旺东路 10 号院东区 14 号楼
603986	兆易创新	2016-08-18	北京市海淀区丰豪东路 9 号院 8 号楼 1 至 5 层
600856	*ST 中天	1994-04-25	北京市东城区东长安街 1 号东方广场
000065	北方国际	1998-06-05	北京市丰台区南四环西路 188 号总部基地 12 区
300002	神州泰岳	2009-10-30	北京市海淀区海淀大街 34 号 8 层 818 室
002362	汉王科技	2010-03-03	北京市海淀区东北旺西路 8 号 5 号楼三层
688068	热景生物	2019-09-30	北京市大兴区中关村科技园区大兴生物医药
603818	曲美家居	2015-04-22	北京市顺义区南彩镇祥东路 11 号
002738	中矿资源	2014-12-30	北京市丰台区海鹰路 5 号 503 室
300038	*ST 数知	2010-01-08	北京市西城区新街口外大街 28 号主楼 302 室
300315	掌趣科技	2012-05-11	北京市海淀区马甸东路 17 号 8 层 916
300384	三联虹普	2014-08-01	北京市海淀区北清路 68 号院 1 号楼二层西侧
300364	中文在线	2015-01-21	北京市东城区安定门东大街 28 号 2 号楼 6 层
002467	二六三	2010-09-08	北京市昌平区城区镇超前路 13 号
300072	三聚环保	2010-04-27	北京市海淀区人大北路 33 号 1 号楼
300661	圣邦股份	2017-06-06	北京市海淀区西三环北路 87 号 13 层 3-1301

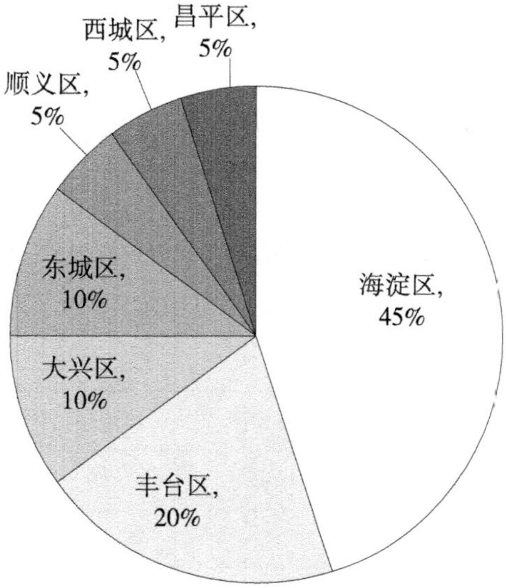

图 4-5　海外业务收入比例排名前 20 的上市企业注册地分布情况

4.4.2　海外关联公司资产比例指标

海外关联公司资产比例侧重于评估跨国企业对海外生产的依赖程度。在本节，我们通过海外关联公司资产比例指标对北京上市公司品牌国际化深度进行统一测量，从中筛选出海外关联公司资产比例排名前 20 的企业进行深入分析。海外关联公司有三种类型，分别为子公司、合营公司与联营公司，海外关联公司资产比例通过北京上市公司海外关联公司的资产总计乘以持股权重，再对所有关联企业加总后比上国内总资产得到。统计截止日期为 2020 年 12 月 31 日。

1. 综合情况

表 4-10 为海外关联公司资产比例排名前 20 的企业的情况。从表中可以看出，海外关联公司资产比例排名前 20 的企业分别是昆仑万维、晓程科技、首旅酒店、中国建筑、潜能恒信、石基信息、三元股份、安迪苏、三一重工、中金公司、莱伯泰科、北方国际、首都在线、王府井、中矿资源、曲美家居、三聚环保、金诚信、万达电影、首创环保，其中，海外资产比例最高可达 123.9699%，最低为 25.2117%。海外资产比例在 20%～30%的企业有 5 家，

在 30%～40%的企业有 6 家，在 40%～50%的企业有 3 家，在 50%～60%的企业有 1 家，在 60%～70%的企业有 2 家，在 70%～80%的企业有 1 家，在 90%以上的企业有 2 家，由此可见，排名前 20 的企业的海外资产比例主要集中在较低位置，即 20%～40%。

表 4-10　海外关联公司资产比例排名前 20 的企业的资产比例情况

证券代码	证券简称	海外资产（亿元）	海外资产比例（%）	统计截止日期
300418	昆仑万维	164	123.9699	2020-12-31
300139	晓程科技	10.7	94.9231	2020-12-31
600258	首旅酒店	128	77.1609	2020-12-31
601668	中国建筑	14500	66.1633	2020-12-31
300191	潜能恒信	9.4	60.8266	2020-12-31
002153	石基信息	57	53.8342	2020-12-31
600429	三元股份	66.7	49.8749	2020-12-31
600299	安迪苏	101	49.2249	2020-12-31
600031	三一重工	619	49.0495	2020-12-31
601995	中金公司	1970	37.8596	2020-12-31
688056	莱伯泰科	3.08	36.1897	2020-12-31
000065	北方国际	65.1	36.0085	2020-12-31
300846	首都在线	3.73	35.2481	2020-12-31
600859	王府井	76.6	34.8315	2020-12-31
002738	中矿资源	16.8	34.1935	2020-12-31
603818	曲美家居	21.8	28.4177	2020-12-31
300072	三聚环保	51.5	27.2678	2020-12-31
603979	金诚信	21.6	26.7134	2020-12-31
002739	万达电影	61.6	26.2206	2020-12-31
600008	首创环保	254	25.2117	2020-12-31

除此之外，我们还以海外关联公司资产为衡量指标，筛选出了北京上市公司海外关联公司资产排名前 20 的企业。该指标下的企业与海外关联公司资产比例指标下的企业有很大差距。海外关联公司资产排名前 20 的企业，其海外关联公司资产比例都相对偏低，最高的是昆仑万维，其海外资产比例为 123.9699%，在海外关联公司资产比例中也排在第一位，首旅酒店为 77.1609%，中国建筑为 66.1633%，其他企业的海外关联公司资产比例均不超过 50%。

表 4-11　　海外关联公司资产排名前 20 的企业的资产比例情况

证券代码	证券简称	海外资产（亿元）	海外资产比例（%）	统计截止日期
601668	中国建筑	14500	66.1633	2020-12-31
601398	工商银行	7600	2.2797	2020-12-31
601939	建设银行	5390	1.9158	2020-12-31
601998	中信银行	4160	5.5426	2020-12-31
601995	中金公司	1970	37.8596	2020-12-31
601857	中国石油	1610	6.4710	2020-12-31
600031	三一重工	619	49.0495	2020-12-31
600900	长江电力	413	12.4951	2020-12-31
000046	泛海控股	405	22.4019	2020-12-31
601336	新华保险	324	3.2296	2020-12-31
601881	中国银河	311	6.9780	2020-12-31
601800	中国交建	298	2.2822	2020-12-31
600028	中国石化	256	1.4762	2020-12-31
600008	首创环保	254	25.2117	2020-12-31
300418	昆仑万维	164	123.9699	2020-12-31
601600	中国铝业	144	7.3859	2020-12-31
000938	紫光股份	132	22.4301	2020-12-31

续 表

证券代码	证券简称	海外资产（亿元）	海外资产比例（%）	统计截止日期
600258	首旅酒店	128	77.1609	2020-12-31
600299	安迪苏	101	49.2249	2020-12-31
601390	中国中铁	95.9	0.7987	2020-12-31

2. 上市企业市场情况

从上市企业市场情况来看，以海外关联公司资产比例为衡量指标的北京上市公司中，海外关联公司资产比例排名前 20 的企业主要在上海证券交易所上市。如图 4-6 所示，上海证券交易所占比为 55%，深圳证券交易所占比为 45%，比例近似。从表 4-12 中可知，海外关联公司资产比例排名前 20 的企业中于 2000 年前上市的仅有 2 家，2000 年至 2010 年上市的有 9 家，2011 年至 2020 年上市的也有 9 家。

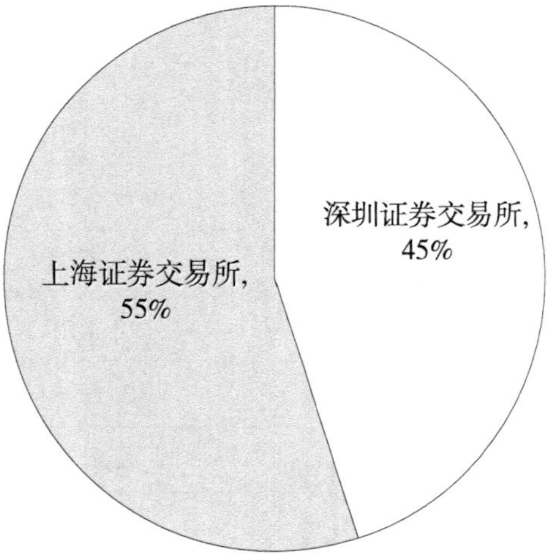

图 4-6　海外关联公司资产比例排名前 20 的企业上市市场分布情况

表 4-12　海外关联公司资产比例排名前 20 的上市企业的市场情况

证券代码	证券简称	上市日期	上市市场
300418	昆仑万维	2015-01-21	深圳证券交易所
300139	晓程科技	2010-11-12	深圳证券交易所

续　表

证券代码	证券简称	上市日期	上市市场
600258	首旅酒店	2000-06-01	上海证券交易所
601668	中国建筑	2009-07-29	上海证券交易所
300191	潜能恒信	2011-03-16	深圳证券交易所
002153	石基信息	2007-08-13	深圳证券交易所
600429	三元股份	2003-09-15	上海证券交易所
600299	安迪苏	2000-04-20	上海证券交易所
600031	三一重工	2003-07-03	上海证券交易所
601995	中金公司	2015-11-09	上海证券交易所
688056	莱伯泰科	2020-09-02	上海证券交易所
000065	北方国际	1998-06-05	深圳证券交易所
300846	首都在线	2020-07-01	深圳证券交易所
600859	王府井	1994-05-06	上海证券交易所
002738	中矿资源	2014-12-30	深圳证券交易所
603818	曲美家居	2015-04-22	上海证券交易所
300072	三聚环保	2010-04-27	深圳证券交易所
603979	金诚信	2015-06-30	上海证券交易所
002739	万达电影	2015-01-22	深圳证券交易所
600008	首创环保	2000-04-27	上海证券交易所

3. 上市板块情况

从上市板块情况来看，以海外关联公司资产比例为衡量指标的北京上市公司中，海外关联公司资产比例排名前 20 家企业主要在主板上市，这与以海外业务收入比例为指标衡量的结果存在较大差距。从表 4-13 中可知，主板上市的企业有首旅酒店、中国建筑、石基信息、三元股份、安迪苏、三一重工、中金公司、北方国际、王府井、中矿资源、曲美家居、金诚信、万达电影和首创环保。如图 4-7 所示，主板上市企业占比高达 70%，创业板上市企业占比为 25%，中小板上市企业占比为 5%，即排名前 20 的企业中有 14 家企业都在主板上市，5 家企业在创业板上市，1 家在中小板上市。

表 4-13　　海外关联公司资产比例排名前 20 的企业上市板块情况

证券代码	证券简称	上市日期	上市板块
300418	昆仑万维	2015-01-21	创业板
300139	晓程科技	2010-11-12	创业板
600258	首旅酒店	2000-06-01	主板
601668	中国建筑	2009-07-29	主板
300191	潜能恒信	2011-03-16	创业板
002153	石基信息	2007-08-13	主板
600429	三元股份	2003-09-15	主板
600299	安迪苏	2000-04-20	主板
600031	三一重工	2003-07-03	主板
601995	中金公司	2015-11-09	主板
688056	莱伯泰科	2020-09-02	中小板
000065	北方国际	1998-06-05	主板
300846	首都在线	2020-07-01	创业板
600859	王府井	1994-05-06	主板
002738	中矿资源	2014-12-30	主板
603818	曲美家居	2015-04-22	主板
300072	三聚环保	2010-04-27	创业板
603979	金诚信	2015-06-30	主板
002739	万达电影	2015-01-22	主板
600008	首创环保	2000-04-27	主板

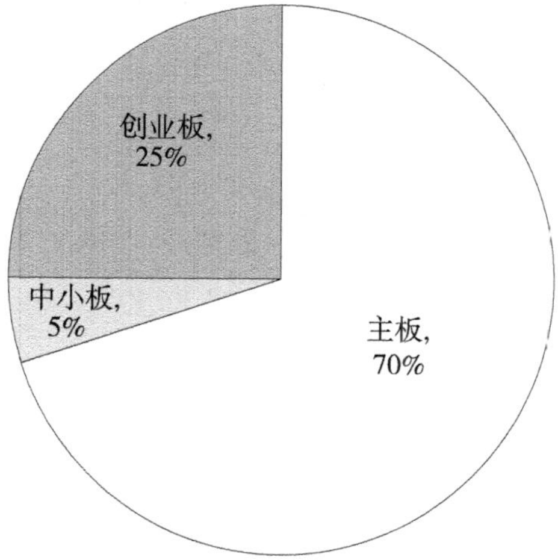

图 4-7　海外关联公司资产比例排名前 20 的企业上市板块分布情况

4. 产权性质情况

从产权性质情况来看，以海外关联公司资产比例为衡量指标的北京上市公司中，海外关联公司资产比例排名前 20 的企业主要为私营企业。从表 4-14 中可知，海外关联公司资产比例排名前 20 的企业中，昆仑万维、潜能恒信、石基信息、三一重工、首都在线、中矿资源、曲美家居、三聚环保、金诚信、万达电影，都属于私营企业；排名靠前的晓程科技、首旅酒店和中国建筑都为国有企业。如图 4-8 所示，私营企业占比高达 50%，国有企业占比为 40%，中外合资经营企业占比为 10%，不涉及集体所有制企业、外商投资企业、中外合作经营企业、行政机关和事业单位。

表 4-14　　海外关联公司资产比例排名前 20 的企业产权性质情况

证券代码	证券简称	上市日期	产权性质
300418	昆仑万维	2015-01-21	私营企业
300139	晓程科技	2010-11-12	国有企业
600258	首旅酒店	2000-06-01	国有企业
601668	中国建筑	2009-07-29	国有企业
300191	潜能恒信	2011-03-16	私营企业

续 表

证券代码	证券简称	上市日期	产权性质
002153	石基信息	2007-08-13	私营企业
600429	三元股份	2003-09-15	国有企业
600299	安迪苏	2000-04-20	国有企业
600031	三一重工	2003-07-03	私营企业
601995	中金公司	2015-11-09	中外合资经营企业
688056	莱伯泰科	2020-09-02	中外合资经营企业
000065	北方国际	1998-06-05	国有企业
300846	首都在线	2020-07-01	私营企业
600859	王府井	1994-05-06	国有企业
002738	中矿资源	2014-12-30	私营企业
603818	曲美家居	2015-04-22	私营企业
300072	三聚环保	2010-04-27	私营企业
603979	金诚信	2015-06-30	私营企业
002739	万达电影	2015-01-22	私营企业
600008	首创环保	2000-04-27	国有企业

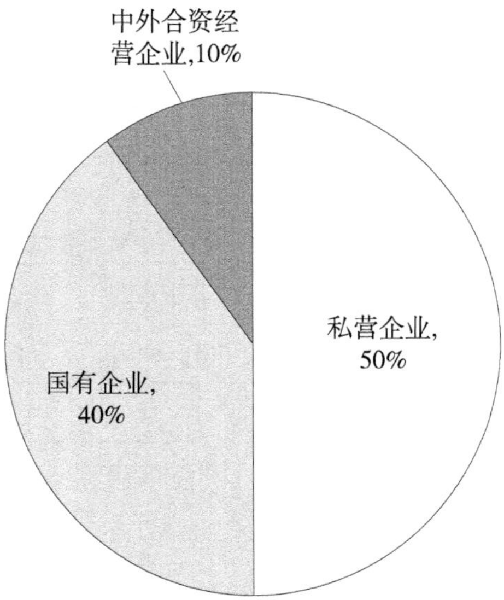

图 4-8　海外关联公司资产比例排名前 20 的企业产权性质分布情况

5. 所处行业情况

从所处行业情况来看，以海外关联公司资产比例为衡量指标的北京上市公司中，海外关联公司资产比例排名前 20 的从事开采辅助活动的较多。从表 4-15 中可知，海外关联公司资产比例排名前 20 的企业从事的行业较为分散，有互联网和相关服务业，计算机、通信和其他电子设备制造业，住宿业，土木工程建筑业，开采辅助活动，软件和信息技术服务业，食品制造业，医药制造业，专用设备制造业，资本市场服务业，仪器仪表制造业，零售业，有色金属冶炼及压延加工业，家具制造业，化学原料及化学制品制造业，广播、电视、电影和影视录音制作业，水的生产和供应业。如图 4-9 所示，海外关联公司资产比例排名前 20 的企业中开采辅助活动的占比为 10%，其余行业的占比均为 5%。

表 4-15　　海外关联公司资产比例排名前 20 的企业所处行业情况

证券代码	证券简称	上市日期	行业名称
300418	昆仑万维	2015-01-21	互联网和相关服务业
300139	晓程科技	2010-11-12	计算机、通信和其他电子设备制造业
600258	首旅酒店	2000-06-01	住宿业
601668	中国建筑	2009-07-29	土木工程建筑业
300191	潜能恒信	2011-03-16	开采辅助活动
002153	石基信息	2007-08-13	软件和信息技术服务业
600429	三元股份	2003-09-15	食品制造业
600299	安迪苏	2000-04-20	医药制造业
600031	三一重工	2003-07-03	专用设备制造业
601995	中金公司	2015-11-09	资本市场服务业
688056	莱伯泰科	2020-09-02	仪器仪表制造业
000065	北方国际	1998-06-05	土木工程建筑业

续 表

证券代码	证券简称	上市日期	行业名称
300846	首都在线	2020-07-01	软件和信息技术服务业
600859	王府井	1994-05-06	零售业
002738	中矿资源	2014-12-30	有色金属冶炼及压延加工业
603818	曲美家居	2015-04-22	家具制造业
300072	三聚环保	2010-04-27	化学原料及化学制品制造业
603979	金诚信	2015-06-30	开采辅助活动
002739	万达电影	2015-01-22	广播、电视、电影和影视录音制作业
600008	首创环保	2000-04-27	水的生产和供应业

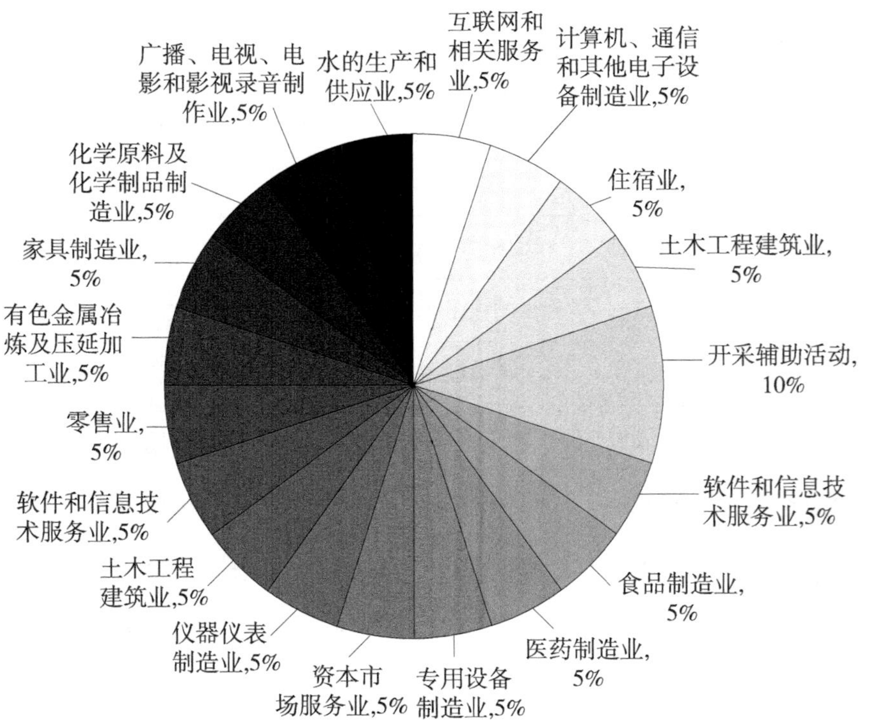

图 4-9　海外关联公司资产比例排名前 20 的企业所处行业分布情况

6. 注册地情况

从注册地来看，以海外关联公司资产比例为衡量指标的北京上市公司中，海外关联公司资产比例排名前 20 的企业注册地多为海淀区。从表 4-16 中可知，海外关联公司资产比例排名前 20 的企业注册地涉及海淀区、西城区、大兴区、昌平区、朝阳区、顺义区、丰台区、东城区、密云区共 9 个区，约占北京所有城区的 56%，石景山区、通州区、房山区、门头沟区、平谷区、怀柔区、延庆区均未涉及，说明关联公司资产比例指标下，海外关联公司资产比例排名前 20 的企业注册地较为集中。如图 4-10 所示，海淀区占比为 35%，位居第一；朝阳区占比为 15%，位居第二；西城区、顺义区、丰台区占比为 10%；东城区、密云区、大兴区和昌平区占比均为 5%。

表 4-16　海外关联公司资产比例排名前 20 的企业注册地情况

证券代码	证券简称	上市日期	注册地址
300418	昆仑万维	2015-01-21	北京市海淀区知春路 118 号知春大厦 B 座 605E
300139	晓程科技	2010-11-12	北京市海淀区西三环北路 87 号国际财经中心
600258	首旅酒店	2000-06-01	北京市西城区复兴门内大街 51 号
601668	中国建筑	2009-07-29	北京市海淀区三里河路 15 号
300191	潜能恒信	2011-03-16	北京市海淀区紫竹院路 81 号院 3 号楼北方地产
002153	石基信息	2007-08-13	北京市海淀区复兴路甲 65 号-A11 层
600429	三元股份	2003-09-15	北京市大兴区瀛海瀛昌街 8 号
600299	安迪苏	2000-04-20	北京市海淀区花园东路 30 号花园饭店 6201 室
600031	三一重工	2003-07-03	北京市昌平区北清路 8 号 6 幢 5 楼
601995	中金公司	2015-11-09	北京市朝阳区建国门外大街 1 号国贸大厦 2 座
688056	莱伯泰科	2020-09-02	北京市顺义区天竺空港工业区

续　表

证券代码	证券简称	上市日期	注册地址
000065	北方国际	1998-06-05	北京市丰台区南四环西路 188 号总部基地 12 区
300846	首都在线	2020-07-01	北京市朝阳区紫月路 18 号院 9 号楼一层 101 室
600859	王府井	1994-05-06	北京市王府井大街 255 号
002738	中矿资源	2014-12-30	北京市丰台区海鹰路 5 号 503 室
603818	曲美家居	2015-04-22	北京市顺义区南彩镇祥东路 11 号
300072	三聚环保	2010-04-27	北京市海淀区人大北路 33 号 1 号楼
603979	金诚信	2015-06-30	北京市密云区经济开发区水源西路 28 号院 1 号
002739	万达电影	2015-01-22	北京市朝阳区建国路 93 号万达广场 B 座 11 层
600008	首创环保	2000-04-27	北京市西城区车公庄大街 21 号 39 幢 16 层

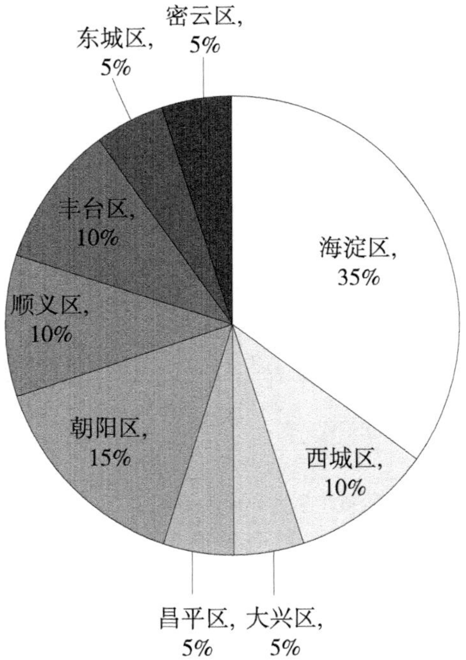

图 4-10　海外关联公司资产比例排名前 20 的企业注册地分布情况

4.5 北京上市公司品牌国际化发展广度分析

大多数跨国公司并不是在全球范围内扩张，而是在某一特定区域内扩张。从收益来看，同时在多个国家设立工厂可以获得规模经济带来的收益；通过使用国外市场渠道来减少国内市场波动的影响，利用不同地区的要素成本差异和不同税制，可以获得最大收益。与此同时，财务和政治风险以及诸如汇率波动和通货膨胀之类的金融风险有可能会抵消全球投资组合多元化所带来的好处。海外子公司和母公司之间存在代理问题，当品牌国际化范围不断扩大时，跨国母体的外来者劣势可能成倍增加。因此，企业的品牌国际化广度同样是值得管理者与利益相关方关注的重要话题。

在基于子公司的品牌国际化广度指标中，最具代表性的有海外子公司数量在全部子公司中的比重、海外子公司数量、海外子公司分布国数量。与品牌国际化深度指标不同，品牌国际化广度代表着企业的国家多样性和经营复杂性，研究中通常将海外子公司数量和海外子公司分布国数量两个指标结合使用。作为品牌国际化测量的两种经典方式，品牌国际化深度和品牌国际化广度有着明显的经济含义区别。考虑到品牌国际化广度的评估可操作性、数据可获取性与时间成本，我们依循旧例，同样选取其中两个指标进行品牌国际化广度的衡量，一个为海外关联公司数量，另一个为海外关联公司所在国家/地区数量。

4.5.1 海外关联公司数量指标

海外关联公司数量侧重于评估跨国企业经营的复杂性。本书通过统计海外关联公司数量对北京上市公司品牌国际化广度进行了评估，从中筛选出海外关联公司数量排名前 20 家企业做深入分析。统计的截止日期为 2020 年 12 月 31 日，由于存在并列企业，所以前 20 名企业数量超过了 20 家。

1. 综合情况

表 4-17 为海外关联公司数量情况，排名前 20 的分别是泛海控股、中金公司、同方股份、万达电影、安迪苏、江河集团、石基信息、中科创达、曲

美家居、中国建筑、北斗星通、中色股份、工商银行、金诚信、中国联通、长江电力、利亚德、昆仑万维、康龙化成、中工国际、博彦科技、恒泰艾普、北京君正、海油发展、中国人寿，其中排名第20的6家企业以17家海外关联公司数量并列第20名。海外关联公司数量最多的为泛海控股，拥有122家，中金公司紧随其后，拥有100家。

表4-17　　北京上市公司海外关联公司数量情况

排名	证券代码	证券简称	海外关联公司数量（家）	统计截止日期
1	000046	泛海控股	122	2020-12-31
2	601995	中金公司	100	2020-12-31
3	600100	同方股份	98	2020-12-31
4	002739	万达电影	67	2020-12-31
5	600299	安迪苏	46	2020-12-31
6	601886	江河集团	45	2020-12-31
7	002153	石基信息	39	2020-12-31
8	300496	中科创达	33	2020-12-31
9	603818	曲美家居	32	2020-12-31
10	601668	中国建筑	30	2020-12-31
11	002151	北斗星通	27	2020-12-31
12	000758	中色股份	22	2020-12-31
12	601398	工商银行	22	2020-12-31
12	603979	金诚信	22	2020-12-31
15	600050	中国联通	21	2020-12-31
15	600900	长江电力	21	2020-12-31
17	300296	利亚德	20	2020-12-31
18	300418	昆仑万维	19	2020-12-31
19	300759	康龙化成	18	2020-12-31

续　表

排名	证券代码	证券简称	海外关联公司数量（家）	统计截止日期
20	002051	中工国际	17	2020-12-31
20	002649	博彦科技	17	2020-12-31
20	300157	恒泰艾普	17	2020-12-31
20	300223	北京君正	17	2020-12-31
20	600968	海油发展	17	2020-12-31
20	601628	中国人寿	17	2020-12-31

2. 上市企业市场情况

从上市企业市场情况来看，以海外关联公司数量为衡量指标的北京上市公司中，在深圳证券交易所和上海证券交易所上市的比例基本持平。如图 4-11 所示，上海证券交易所占比为 48%，深圳证券交易所占比为 52%，即 25 家企业中有 13 家企业在上海证券交易所上市，12 家企业在深圳证券交易所上市。从表 4-18 中可知，海外关联公司数量排名前 20 的企业在 2000 年前上市的仅有 3 家，在 2000 年至 2010 年上市的有 9 家，在 2011 年至 2020 年上市的有 13 家。

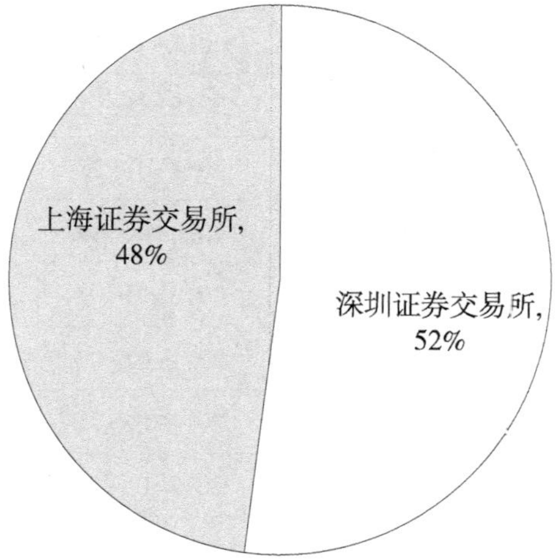

图 4-11　海外关联公司数量排名前 20 的企业上市市场分布情况

表 4-18　海外关联公司数量排名前 20 的企业上市市场情况

排名	证券代码	证券简称	上市日期	上市市场
1	000046	泛海控股	1994-09-12	深圳证券交易所
2	601995	中金公司	2015-11-09	上海证券交易所
3	600100	同方股份	1997-06-27	上海证券交易所
4	002739	万达电影	2015-01-22	深圳证券交易所
5	600299	安迪苏	2000-04-20	上海证券交易所
6	601886	江河集团	2011-08-18	上海证券交易所
7	002153	石基信息	2007-08-13	深圳证券交易所
8	300496	中科创达	2015-12-10	深圳证券交易所
9	603818	曲美家居	2015-04-22	上海证券交易所
10	601668	中国建筑	2009-07-29	上海证券交易所
11	002151	北斗星通	2007-08-13	深圳证券交易所
12	000758	中色股份	1997-04-16	深圳证券交易所
12	601398	工商银行	2006-10-27	上海证券交易所
12	603979	金诚信	2015-06-30	上海证券交易所
15	600050	中国联通	2002-10-09	上海证券交易所
15	600900	长江电力	2003-11-18	上海证券交易所
17	300296	利亚德	2012-03-15	深圳证券交易所
18	300418	昆仑万维	2015-01-21	深圳证券交易所
19	300759	康龙化成	2019-01-28	深圳证券交易所
20	002051	中工国际	2006-06-19	深圳证券交易所
20	002649	博彦科技	2012-01-06	深圳证券交易所
20	300157	恒泰艾普	2011-01-07	深圳证券交易所
20	300223	北京君正	2011-05-31	深圳证券交易所
20	600968	海油发展	2019-06-26	上海证券交易所
20	601628	中国人寿	2003-12-17	上海证券交易所

3. 上市板块情况

从上市板块情况来看，以海外关联企业数量为衡量指标的北京上市公司中，海外关联公司数量排名前 20 的企业主要在主板上市。从表 4-19 中可知，排名前 7 的泛海控股、中金公司、同方股份、万达电影、安迪苏、江河集团、石基信息都属于主板上市企业。如图 4-12 所示，主板上市企业占比高达 76%，创业板上市企业占比为 24%，没有中小板企业，说明中小板企业对外扩张能力不足。

表 4-19　　海外关联公司数量排名前 20 的企业上市板块情况

排名	证券代码	证券简称	上市日期	上市板块
1	000046	泛海控股	1994-09-12	主板
2	601995	中金公司	2015-11-09	主板
3	600100	同方股份	1997-06-27	主板
4	002739	万达电影	2015-01-22	主板
5	600299	安迪苏	2000-04-20	主板
6	601886	江河集团	2011-08-18	主板
7	002153	石基信息	2007-08-13	主板
8	300496	中科创达	2015-12-10	创业板
9	603818	曲美家居	2015-04-22	主板
10	601668	中国建筑	2009-07-29	主板
11	002151	北斗星通	2007-08-13	主板
12	000758	中色股份	1997-04-16	主板
12	601398	工商银行	2006-10-27	主板
12	603979	金诚信	2015-06-30	主板
15	600050	中国联通	2002-10-09	主板
15	600900	长江电力	2003-11-18	主板

续　表

排名	证券代码	证券简称	上市日期	上市板块
17	300296	利亚德	2012-03-15	创业板
18	300418	昆仑万维	2015-01-21	创业板
19	300759	康龙化成	2019-01-28	创业板
20	002051	中工国际	2006-06-19	主板
20	002649	博彦科技	2012-01-06	主板
20	300157	恒泰艾普	2011-01-07	创业板
20	300223	北京君正	2011-05-31	创业板
20	600968	海油发展	2019-06-26	主板
20	601628	中国人寿	2003-12-17	主板

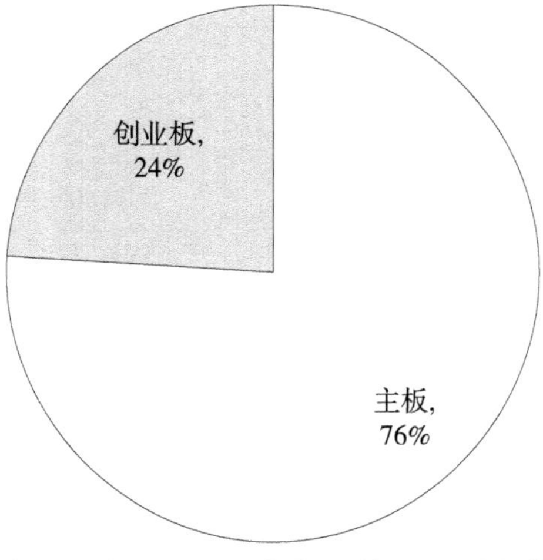

图 4-12　海外关联公司数量排名前 20 的企业上市板块分布情况

4. 产权性质情况

从产权性质情况来看，以海外关联公司数量为衡量指标的北京上市公司中，海外关联公司数量排名前 20 的企业主要为私营企业。从表 4-20 中可知，私营企业较多，包括泛海控股、万达电影、江河集团、石基信息、曲美家居、北斗星通、金诚信、利亚德、昆仑万维、恒泰艾普、北京君正，同方股份、安迪苏、中国建筑、中色股份、工商银行、中国联通、长江电力、中工国际、海油发展、中国人寿都为国有企业。如图 4-13 所示，私营企业占比高达 44%，国有企业占比为 40%，中外合资经营企业占比为 16%，不涉及集体所有制企业、外商投资企业、中外合作经营企业、行政机关和事业单位。

表 4-20　　海外关联公司数量排名前 20 的企业产权性质情况

排名	证券代码	证券简称	上市日期	产权性质
1	000046	泛海控股	1994-09-12	私营企业
2	601995	中金公司	2015-11-09	中外合资经营企业
3	600100	同方股份	1997-06-27	国有企业
4	002739	万达电影	2015-01-22	私营企业
5	600299	安迪苏	2000-04-20	国有企业
6	601886	江河集团	2011-08-18	私营企业
7	002153	石基信息	2007-08-13	私营企业
8	300496	中科创达	2015-12-10	中外合资经营企业
9	603818	曲美家居	2015-04-22	私营企业
10	601668	中国建筑	2009-07-29	国有企业
11	002151	北斗星通	2007-08-13	私营企业
12	000758	中色股份	1997-04-16	国有企业
12	601398	工商银行	2006-10-27	国有企业
12	603979	金诚信	2015-06-30	私营企业
15	600050	中国联通	2002-10-09	国有企业
15	600900	长江电力	2003-11-18	国有企业
17	300296	利亚德	2012-03-15	私营企业
18	300418	昆仑万维	2015-01-21	私营企业
19	300759	康龙化成	2019-01-28	中外合资经营企业
20	002051	中工国际	2006-06-19	国有企业

续 表

排名	证券代码	证券简称	上市日期	产权性质
20	002649	博彦科技	2012-01-06	中外合资经营企业
20	300157	恒泰艾普	2011-01-07	私营企业
20	300223	北京君正	2011-05-31	私营企业
20	600968	海油发展	2019-06-26	国有企业
20	601628	中国人寿	2003-12-17	国有企业

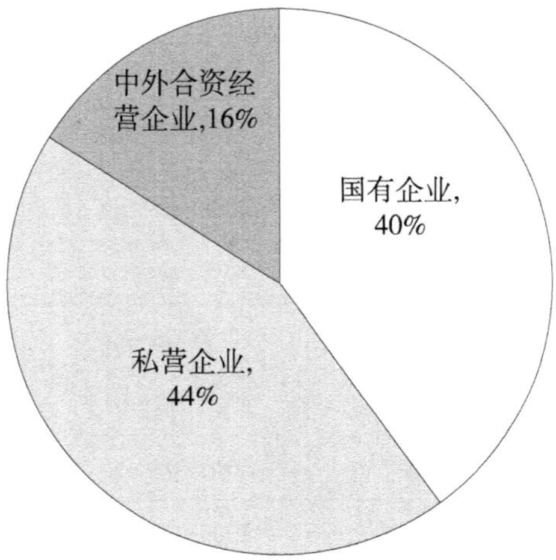

图 4-13　海外关联公司数量排名前 20 的企业产权性质分布情况

5. 所处行业情况

从所处行业情况来看，以海外关联公司数量为衡量指标的北京上市公司中，海外关联公司数量排名前 20 家企业从事计算机、通信和其他电子设备制造业的较多。从表 4-21 中可知，海外关联公司数量排名前 20 的企业从事的行业较为分散，涉及其他金融业，资本市场服务业，计算机、通信和其他电子设备制造业，广播、电视、电影和影视录音制作业，医药制造业，建筑装饰和其他建筑业，软件和信息技术服务业，家具制造业，土木工程建筑业，有色金属矿采选业，货币金融服务业，开采辅助活动，电信、广播电视和卫星传输服务业，电力、热力生产和供应业，互联网和相关服务业，研究和试验发展，保险业。如图 4-14 所示，计算机、通信和其他电子设备制造业占比为 16%，开采辅助活动、软件和信息技术服务业占比为 12%，土木工程建筑业占比为 8%，其余行业占比均为 4%。

表 4-21　　海外关联公司数量排名前 20 的企业所处行业情况

排名	证券代码	证券简称	上市日期	行业名称
1	000046	泛海控股	1994-09-12	其他金融业
2	601995	中金公司	2015-11-09	资本市场服务业
3	600100	同方股份	1997-06-27	计算机、通信和其他电子设备制造业
4	002739	万达电影	2015-01-22	广播、电视、电影和影视录音制作业
5	600299	安迪苏	2000-04-20	医药制造业
6	601886	江河集团	2011-08-18	建筑装饰和其他建筑业
7	002153	石基信息	2007-08-13	软件和信息技术服务业
8	300496	中科创达	2015-12-10	软件和信息技术服务业
9	603818	曲美家居	2015-04-22	家具制造业
10	601668	中国建筑	2009-07-29	土木工程建筑业
11	002151	北斗星通	2007-08-13	计算机、通信和其他电子设备制造业
12	000758	中色股份	1997-04-16	有色金属矿采选业
12	601398	工商银行	2006-10-27	货币金融服务业
12	603979	金诚信	2015-06-30	开采辅助活动
15	600050	中国联通	2002-10-09	电信、广播电视和卫星传输服务业
15	600900	长江电力	2003-11-18	电力、热力生产和供应业
17	300296	利亚德	2012-03-15	计算机、通信和其他电子设备制造业
18	300418	昆仑万维	2015-01-21	互联网和相关服务业
19	300759	康龙化成	2019-01-28	研究和试验发展
20	002051	中工国际	2006-06-19	土木工程建筑业
20	002649	博彦科技	2012-01-06	软件和信息技术服务业

续 表

排名	证券代码	证券简称	上市日期	行业名称
20	300157	恒泰艾普	2011-01-07	开采辅助活动
20	300223	北京君正	2011-05-31	计算机、通信和其他电子设备制造业
20	600968	海油发展	2019-06-26	开采辅助活动
20	601628	中国人寿	2003-12-17	保险业

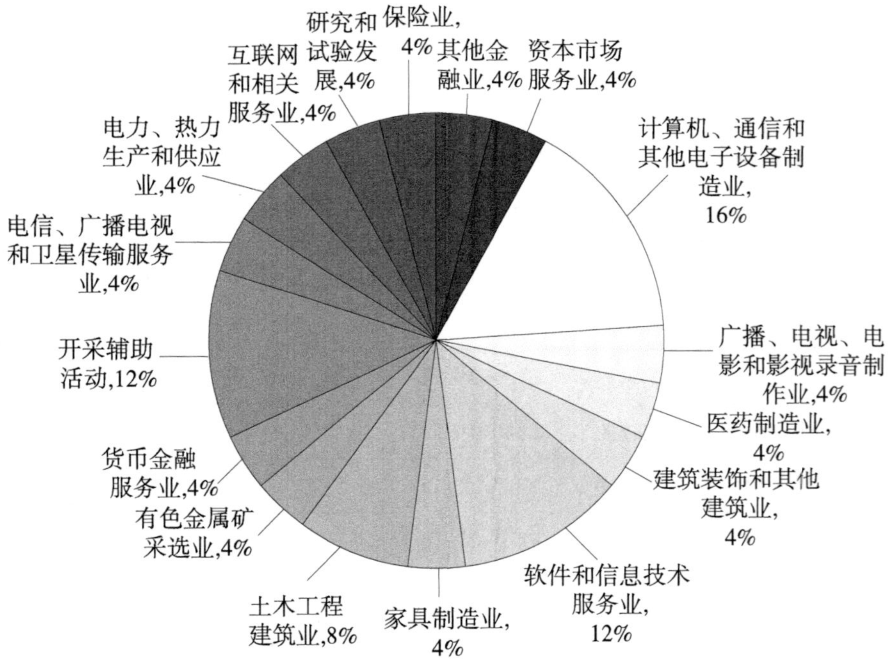

图 4-14　海外关联公司数量排名前 20 的企业所处行业分布情况

6. 注册地情况

从注册地情况来看，以海外关联公司数量为衡量指标的北京上市公司中，海外关联公司数量排名前 20 的企业注册地多为海淀区。从表 4-22 中可知，海外关联公司数量排名前 20 的企业注册地分布于海淀区、丰台区、大兴区（北京经济技术开发区位于大兴区）、东城区、顺义区、密云区、西城区、朝阳区共 8 个地区，占北京所有城区的 50%，昌平区、石景山区、通州区、房山区、门头沟区、平谷区、怀柔区、延庆区均未涉及，说明海外关联公司数量指标下，排名前 20 家企业注册地较为集中。如图 4-15 所示，海淀区占比为 52%，位居第一；西城区占比为 12%，位居第二；顺义区、朝阳区、东城区占比为 8%；大兴区、密云区和丰台区占比均为 4%。

表 4-22　　海外关联公司数量排名前 20 的企业注册地情况

排名	证券代码	证券简称	上市日期	注册地址
1	000046	泛海控股	1994-09-12	北京市东城区建国门内大街 28 号
2	601995	中金公司	2015-11-09	北京市朝阳区建国门外大街 1 号国贸大厦
3	600100	同方股份	1997-06-27	北京市海淀区王庄路 1 号清华同方科技大厦
4	002739	万达电影	2015-01-22	北京市朝阳区建国路 93 号万达广场 B 座
5	600299	安迪苏	2000-04-20	北京市海淀区花园东路 30 号花园饭店
6	601886	江河集团	2011-08-18	北京市顺义区牛汇北五街 5 号
7	002153	石基信息	2007-08-13	北京市海淀区复兴路甲 65 号-A11 层
8	300496	中科创达	2015-12-10	北京市海淀区清华东路 9 号创达大厦 1 层 101-105 室（东升地区）
9	603818	曲美家居	2015-04-22	北京市顺义区南彩镇祥东路 11 号
10	601668	中国建筑	2009-07-29	北京市海淀区三里河路 15 号
11	002151	北斗星通	2007-08-13	北京市海淀区中关村永丰高新技术产业基地
12	000758	中色股份	1997-04-16	北京市丰台区西客站南广场驻京办一号楼
12	601398	工商银行	2006-10-27	北京市西城区复兴门内大街 55 号
12	603979	金诚信	2015-06-30	北京市密云区经济开发区水源西路 28 号院

续 表

排名	证券代码	证券简称	上市日期	注册地址
15	600050	中国联通	2002-10-09	北京市西城区金融大街 21 号 4 楼
15	600900	长江电力	2003-11-18	北京市海淀区玉渊潭南路 1 号 B 座
17	300296	利亚德	2012-03-15	北京市海淀区颐和园北正红旗西街 9 号
18	300418	昆仑万维	2015-01-21	北京市海淀区知春路 118 号知春大厦 B 座
19	300759	康龙化成	2019-01-28	北京市北京经济技术开发区泰河路 6 号 1 幢
20	002051	中工国际	2006-06-19	北京市海淀区丹棱街 3 号
20	002649	博彦科技	2012-01-06	北京市海淀区西北旺东路 10 号院东区 7 号楼
20	300157	恒泰艾普	2011-01-07	北京市海淀区丰秀中路 3 号院 4 号楼 401 室
20	300223	北京君正	2011-05-31	北京市海淀区西北旺东路 10 号院东区 14 号楼
20	600968	海油发展	2019-06-26	北京市东城区东直门外小街 6 号
20	601628	中国人寿	2003-12-17	北京市西城区金融大街 16 号

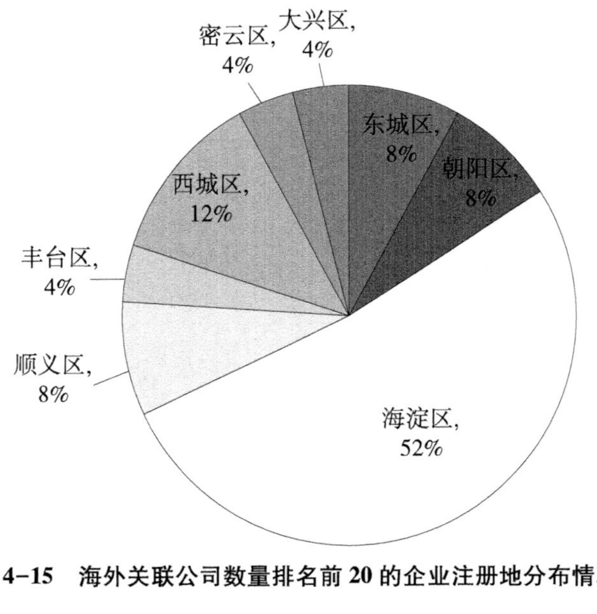

图 4-15　海外关联公司数量排名前 20 的企业注册地分布情况

4.5.2　海外关联公司分布国家/地区数量指标

海外关联公司分布国家/地区数量侧重于评估跨国企业的经营国家多样性。本书通过统计海外关联公司分布国家/地区的数量对北京上市公司品牌国际化广度进行了评估，从中筛选出海外关联公司分布国家/地区数量排名前 20 家企业进行深入分析。统计截止日期为 2020 年 12 月 31 日，由于存在并列企业，所以前 20 名企业超过了 20 家。

1. 综合情况

表 4-23 为北京上市公司海外关联公司分布国家/地区数量情况。从表中可以看出，海外关联公司分布国家/地区数量排名前 20 的分别是同方股份、石基信息、安迪苏、工商银行、中国联通、曲美家居、中色股份、中科创达、人民网、北方国际、中工国际、博彦科技、千方科技、利亚德、福田汽车、紫光股份、广联达、中国外运、金诚信、中矿资源、北京君正、三一重工、海油发展、建设银行、中金公司、华扬联众，其中最后 7 家企业以 9 个分布国家/地区数量并列第 20 名。海外关联公司分布国家/地区数量最多的为同方股份，高达 32 个，石基信息紧随其后，在 27 个国家/地区拥有关联公司。

表 4-23　　海外关联公司分布国家/地区数量排名前 20 企业情况

序号	证券代码	证券简称	分布国家/地区数量（个）	统计截止日期
1	600100	同方股份	32	2020-12-31
2	002153	石基信息	27	2020-12-31
3	600299	安迪苏	22	2020-12-31
4	601398	工商银行	19	2020-12-31
5	600050	中国联通	18	2020-12-31
5	603818	曲美家居	18	2020-12-31
7	000758	中色股份	15	2020-12-31
7	300496	中科创达	15	2020-12-31
9	603000	人民网	13	2020-12-31
10	000065	北方国际	12	2020-12-31

续 表

序号	证券代码	证券简称	分布国家/地区数量（个）	统计截止日期
10	002051	中工国际	12	2020-12-31
10	002649	博彦科技	12	2020-12-31
13	002373	千方科技	11	2020-12-31
13	300296	利亚德	11	2020-12-31
13	600166	福田汽车	11	2020-12-31
16	000938	紫光股份	10	2020-12-31
16	002410	广联达	10	2020-12-31
16	601598	中国外运	10	2020-12-31
16	603979	金诚信	10	2020-12-31
20	002738	中矿资源	9	2020-12-31
20	300223	北京君正	9	2020-12-31
20	600031	三一重工	9	2020-12-31
20	600968	海油发展	9	2020-12-31
20	601939	建设银行	9	2020-12-31
20	601995	中金公司	9	2020-12-31
20	603825	华扬联众	9	2020-12-31

2. 上市企业市场情况

从上市企业市场情况来看，以海外关联公司分布国家/地区数量为衡量指标的北京上市公司中，海外关联公司分布国家/地区数量排名前 20 家企业在深圳证券交易所和上海证券交易所上市的比例基本持平。如图 4-16 所示，上海证券交易所占比为 54%，深圳证券交易所占比为 46%，即前 26 家企业中有 14 家在上海证券交易所上市，12 家企业在深圳证券交易所上市。从表 4-24 中可知，海外关联公司分布国家/地区数量排名前 20 家在 2000 年前上市的有 5 家，在 2000 年至 2010 年上市的有 10 家，在 2011 年至 2020 年上市的有 11 家。

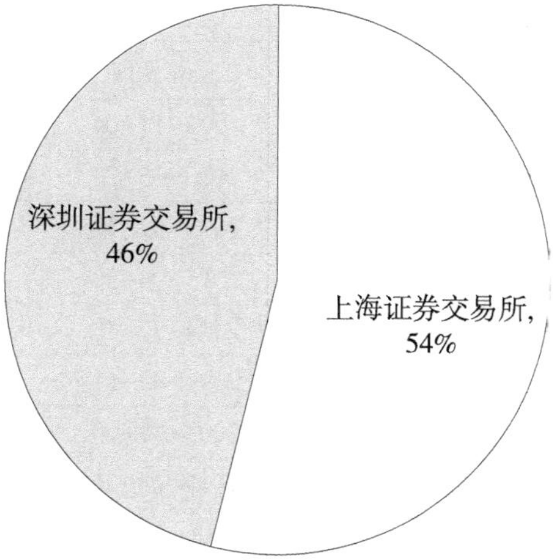

图 4-16　海外关联公司分布国家/地区数量排名前 20 的企业上市市场分布情况

表 4-24　海外关联公司分布国家/地区数量排名前 20 的企业上市市场情况

序号	证券代码	证券简称	上市日期	上市市场
1	600100	同方股份	1997-06-27	上海证券交易所
2	002153	石基信息	2007-08-13	深圳证券交易所
3	600299	安迪苏	2000-04-20	上海证券交易所
4	601398	工商银行	2006-10-27	上海证券交易所
5	600050	中国联通	2002-10-09	上海证券交易所
5	603818	曲美家居	2015-04-22	上海证券交易所
7	000758	中色股份	1997-04-16	深圳证券交易所
7	300496	中科创达	2015-12-10	深圳证券交易所
9	603000	人民网	2012-04-27	上海证券交易所
10	000065	北方国际	1998-06-05	深圳证券交易所
10	002051	中工国际	2006-06-19	深圳证券交易所
10	002649	博彦科技	2012-01-06	深圳证券交易所
13	002373	千方科技	2010-03-18	深圳证券交易所
13	300296	利亚德	2012-03-15	深圳证券交易所
13	600166	福田汽车	1998-06-02	上海证券交易所

续 表

序号	证券代码	证券简称	上市日期	上市市场
16	000938	紫光股份	1999-11-04	深圳证券交易所
16	002410	广联达	2010-05-25	深圳证券交易所
16	601598	中国外运	2003-02-13	上海证券交易所
16	603979	金诚信	2015-06-30	上海证券交易所
20	002738	中矿资源	2014-12-30	深圳证券交易所
20	300223	北京君正	2011-05-31	深圳证券交易所
20	600031	三一重工	2003-07-03	上海证券交易所
20	600968	海油发展	2019-06-26	上海证券交易所
20	601939	建设银行	2005-10-27	上海证券交易所
20	601995	中金公司	2015-11-09	上海证券交易所
20	603825	华扬联众	2017-08-02	上海证券交易所

3. 上市板块情况

从上市板块情况来看，以海外关联企业分布国家/地区数量为衡量指标的北京上市公司中，海外关联公司分布国家/地区数量排名前 20 的企业主要在主板上市。从表 4-25 中可知，前 7 名中的同方股份、石基信息、安迪苏、工商银行、中国联通、曲美家居、中色股份都属于主板上市企业。如图 4-17 所示，主板上市企业占比高达约 88%，创业板上市企业占比约为 12%，没有中小板企业，说明中小板企业对外扩张能力还不足。

表 4-25 海外关联公司分布国家/地区数量排名前 20 的企业上市板块情况

序号	证券代码	证券简称	上市日期	上市板块
1	600100	同方股份	1997-06-27	主板
2	002153	石基信息	2007-08-13	主板
3	600299	安迪苏	2000-04-20	主板
4	601398	工商银行	2006-10-27	主板
5	600050	中国联通	2002-10-09	主板
5	603818	曲美家居	2015-04-22	主板
7	000758	中色股份	1997-04-16	主板
7	300496	中科创达	2015-12-10	创业板

续　表

序号	证券代码	证券简称	上市日期	上市板块
9	603000	人民网	2012-04-27	主板
10	000065	北方国际	1998-06-05	主板
10	002051	中工国际	2006-06-19	主板
10	002649	博彦科技	2012-01-06	主板
13	002373	千方科技	2010-03-18	主板
13	300296	利亚德	2012-03-15	创业板
13	600166	福田汽车	1998-06-02	主板
16	000938	紫光股份	1999-11-04	主板
16	002410	广联达	2010-05-25	主板
16	601598	中国外运	2003-02-13	主板
16	603979	金诚信	2015-06-30	主板
20	002738	中矿资源	2014-12-30	主板
20	300223	北京君正	2011-05-31	创业板
20	600031	三一重工	2003-07-03	主板
20	600968	海油发展	2019-06-26	主板
20	601939	建设银行	2005-10-27	主板
20	601995	中金公司	2015-11-09	主板
20	603825	华扬联众	2017-08-02	主板

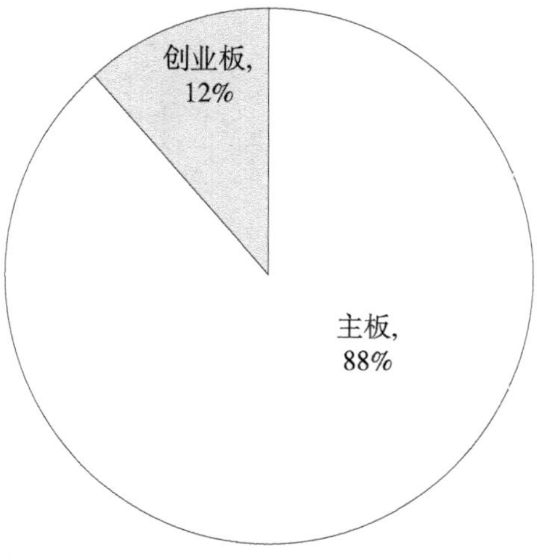

图 4-17　海外关联公司分布国家/地区数量排名前 20 的企业上市板块分布情况

4. 产权性质情况

从产权性质情况来看，以海外关联公司分布国家/地区数量为衡量指标的北京上市公司中，海外关联公司分布国家/地区数量排名前 20 家企业主要为国有企业。表 4-26 中，国有企业较多，其中同方股份、安迪苏、工商银行、中国联通、中色股份、人民网、北方国际、中工国际、福田汽车、紫光股份、中国外运、海油发展、建设银行都为国有企业。如图 4-18 所示，国有企业占比高达约 50%，私营企业占比约为 38%，中外合资经营企业占比约为 12%，不涉及集体所有制企业、外商投资企业、中外合作经营企业、行政机关和事业单位。

表 4-26 海外关联公司分布国家/地区数量排名前 20 的企业产权性质情况

序号	证券代码	证券简称	上市日期	产权性质
1	600100	同方股份	1997-06-27	国有企业
2	002153	石基信息	2007-08-13	私营企业
3	600299	安迪苏	2000-04-20	国有企业
4	601398	工商银行	2006-10-27	国有企业
5	600050	中国联通	2002-10-09	国有企业
5	603818	曲美家居	2015-04-22	私营企业
7	000758	中色股份	1997-04-16	国有企业
7	300496	中科创达	2015-12-10	中外合资经营企业
9	603000	人民网	2012-04-27	国有企业
10	000065	北方国际	1998-06-05	国有企业
10	002051	中工国际	2006-06-19	国有企业
10	002649	博彦科技	2012-01-06	中外合资经营企业
13	002373	千方科技	2010-03-18	私营企业

续　表

序号	证券代码	证券简称	上市日期	产权性质
13	300296	利亚德	2012-03-15	私营企业
13	600166	福田汽车	1998-06-02	国有企业
16	000938	紫光股份	1999-11-04	国有企业
16	002410	广联达	2010-05-25	私营企业
16	601598	中国外运	2003-02-13	国有企业
16	603979	金诚信	2015-06-30	私营企业
20	002738	中矿资源	2014-12-30	私营企业
20	300223	北京君正	2011-05-31	私营企业
20	600031	三一重工	2003-07-03	私营企业
20	600968	海油发展	2019-06-26	国有企业
20	601939	建设银行	2005-10-27	国有企业
20	601995	中金公司	2015-11-09	中外合资经营企业
20	603825	华扬联众	2017-08-02	私营企业

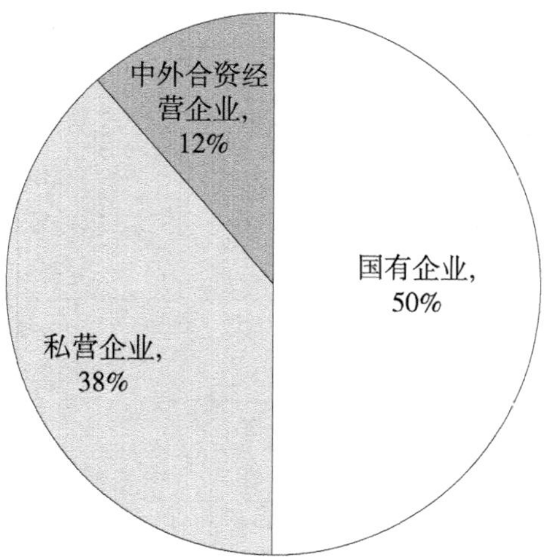

图 4-18　海外关联公司分布国家/地区数量排名前 20 的企业产权性质分布情况

5. 所处行业情况

从所处行业情况来看，以海外关联公司分布国家/地区数量为衡量指标的北京上市公司中，海外关联公司分布国家/地区数量排名前 20 的企业从事软件和信息技术服务业的较多。从表 4-27 中可知，排名前 20 的企业从事的行业较为分散，涉及计算机、通信和其他电子设备制造业，软件和信息技术服务业，医药制造业，货币金融服务业，电信、广播电视和卫星传输服务业，家具制造业，有色金属矿采选业，互联网和相关服务业，土木工程建筑业，汽车制造业，装卸搬运和运输代理业，开采辅助活动，有色金属冶炼及压延加工业，专用设备制造业，资本市场服务业。如图 4-19 所示，软件和信息技术服务业占比为 19%，计算机、通信和其他电子设备制造业占比为 15%，开采辅助活动、土木工程建筑业占比为 8%，货币金融服务业、互联网和相关服务业占比为 7%，其他行业占比均为 4%。

表 4-27 海外关联公司分布国家/地区数量排名前 20 的企业所处行业情况

序号	证券代码	证券简称	上市日期	行业名称
1	600100	同方股份	1997-06-27	计算机、通信和其他电子设备制造业
2	002153	石基信息	2007-08-13	软件和信息技术服务业
3	600299	安迪苏	2000-04-20	医药制造业
4	601398	工商银行	2006-10-27	货币金融服务业
5	600050	中国联通	2002-10-09	电信、广播电视和卫星传输服务业
5	603818	曲美家居	2015-04-22	家具制造业
7	000758	中色股份	1997-04-16	有色金属矿采选业
7	300496	中科创达	2015-12-10	软件和信息技术服务业
9	603000	人民网	2012-04-27	互联网和相关服务业
10	000065	北方国际	1998-06-05	土木工程建筑业
10	002051	中工国际	2006-06-19	土木工程建筑业
10	002649	博彦科技	2012-01-06	软件和信息技术服务业
13	002373	千方科技	2010-03-18	软件和信息技术服务业
13	300296	利亚德	2012-03-15	计算机、通信和其他电子设备制造业
13	600166	福田汽车	1998-06-02	汽车制造业
16	000938	紫光股份	1999-11-04	计算机、通信和其他电子设备制造业
16	002410	广联达	2010-05-25	软件和信息技术服务业
16	601598	中国外运	2003-02-13	装卸搬运和运输代理业

续　表

序号	证券代码	证券简称	上市日期	行业名称
16	603979	金诚信	2015-06-30	开采辅助活动
20	002738	中矿资源	2014-12-30	有色金属冶炼及压延加工业
20	300223	北京君正	2011-05-31	计算机、通信和其他电子设备制造业
20	600031	三一重工	2003-07-03	专用设备制造业
20	600968	海油发展	2019-06-26	开采辅助活动
20	601939	建设银行	2005-10-27	货币金融服务
20	601995	中金公司	2015-11-09	资本市场服务业
20	603825	华扬联众	2017-08-02	互联网和相关服务业

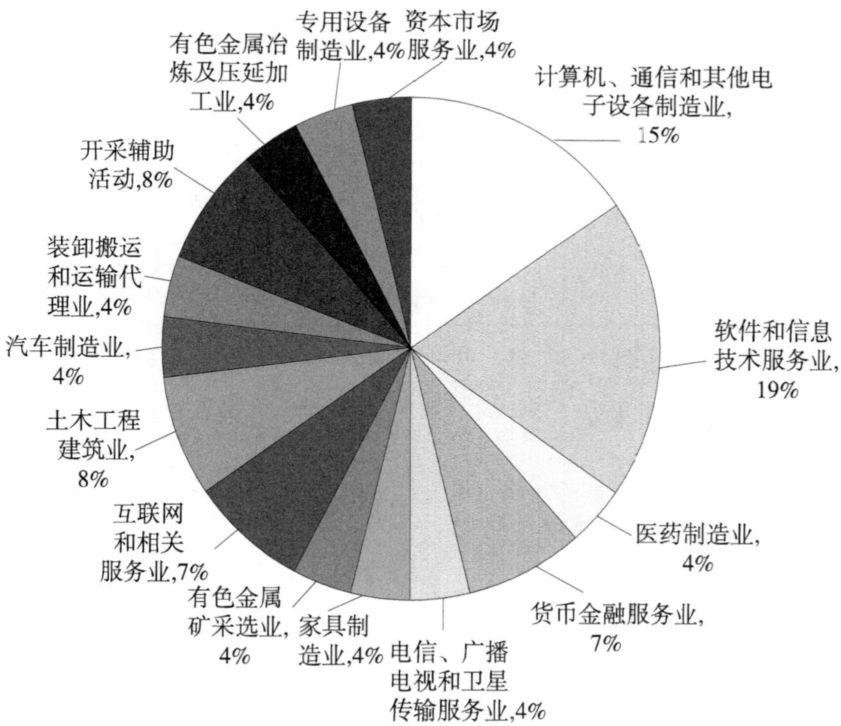

图 4-19　海外关联公司分布国家/地区数量排名前 20 的企业所处行业分布情况

6. 注册地情况

从注册地情况来看，以海外关联企业分布国家/地区数量为衡量指标的北京上市公司中，海外关联公司分布国家/地区数量排名前 20 的企业注册地多为海淀区。从表 4-28 中可知，排名前 20 的企业注册地分别为海淀区、顺义区、西城区、丰台区、昌平区、密云区、东城区、朝阳区，共 8 个区，占北京所有城区的 50%，其中石景山区、通州区、大兴区、房山区、门头沟区、平谷区、怀柔区、延庆区均未涉及，说明海外关联企业分布国家/地区数量指标下，排名前 20 的企业注册地较为集中。如图 4-20 所示，海淀区占比为 50%，位居第一；西城区占比为 15%，位居第二；丰台区、昌平区分别占 11%和 8%，其余区占比均为 4%。

表 4-28 海外关联公司分布国家/地区数量排名前 20 的企业注册地情况

序号	证券代码	证券简称	上市日期	注册地址
1	600100	同方股份	1997-06-27	北京市海淀区王庄路 1 号清华同方科技大厦
2	002153	石基信息	2007-08-13	北京市海淀区复兴路甲 65 号-A11 层
3	600299	安迪苏	2000-04-20	北京市海淀区花园东路 30 号花园饭店 6201 室
4	601398	工商银行	2006-10-27	北京市西城区复兴门内大街 55 号
5	600050	中国联通	2002-10-09	北京市西城区金融大街 21 号 4 楼
5	603818	曲美家居	2015-04-22	北京市顺义区南彩镇祥东路 11 号
7	000758	中色股份	1997-04-16	北京市丰台区西客站南广场驻京办一号楼 B 座
7	300496	中科创达	2015-12-10	北京市海淀区清华东路 9 号创达大厦 1 层
9	603000	人民网	2012-04-27	北京市西城区新街口外大街 28 号 B 座 234 号
10	000065	北方国际	1998-06-05	北京市丰台区南四环西路 188 号总部基地 12 区
10	002051	中工国际	2006-06-19	北京市海淀区丹棱街 3 号

续　表

序号	证券代码	证券简称	上市日期	注册地址
10	002649	博彦科技	2012-01-06	北京市海淀区西北旺东路 10 号院东区 7 号楼
13	002373	千方科技	2010-03-18	北京市海淀区中关村南大街甲 8 号 10 层 1002
13	300296	利亚德	2012-03-15	北京市海淀区颐和园北正红旗西街 9 号
13	600166	福田汽车	1998-06-02	北京市昌平区沙河镇沙阳路老牛湾村北
16	000938	紫光股份	1999-11-04	北京市海淀区清华大学紫光大楼
16	002410	广联达	2010-05-25	北京市海淀区西北旺东路 10 号院东区 13 号楼
16	601598	中国外运	2003-02-13	北京市海淀区西直门北大街甲 43 号金运大厦
16	603979	金诚信	2015-06-30	北京市密云区经济开发区水源西路 28 号院
20	002738	中矿资源	2014-12-30	北京市丰台区海鹰路 5 号 503 室
20	300223	北京君正	2011-05-31	北京市海淀区西北旺东路 10 号院东区 14 号楼
20	600031	三一重工	2003-07-03	北京市昌平区北清路 8 号 6 幢 5 楼
20	600968	海油发展	2019-06-26	北京市东城区东直门外小街 6 号
20	601939	建设银行	2005-10-27	北京市西城区金融大街 25 号
20	601995	中金公司	2015-11-09	北京市朝阳区建国门外大街 1 号国贸大厦 2 座
20	603825	华扬联众	2017-08-02	北京市海淀区上地东路 5 号院 3 号楼 4 层 419

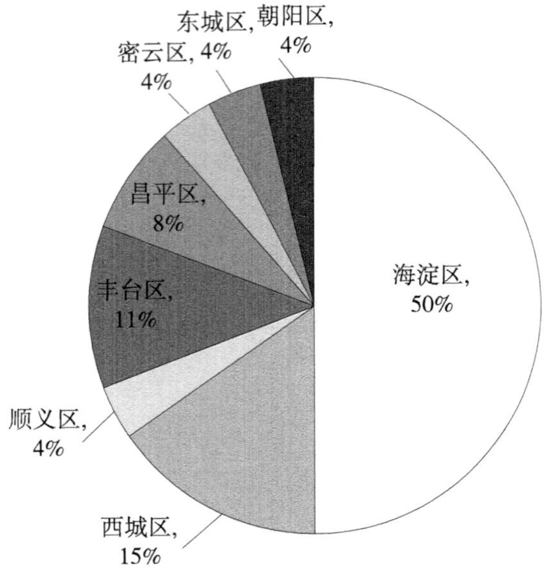

图 4-20　海外关联公司分布国家/地区数量排名前 20 的企业注册地分布情况

4.6　本章小结

北京上市公司品牌国际化发展概况研究的主要内容有以下五个方面：一是北京上市公司的基本情况，从行业、办公地址和交易所三个方面对北京上市公司的基本情况进行了简要的介绍。二是进入路径的分析，通过对北京上市公司的调查，将企业品牌国际化进入路径分为渐进式、平行式、跨越式三种，不同的进入路径有不同的特点。三是成长路径的分析，从产权性质和上市板块两个方面对企业品牌国际化成长路径的四种模式进行分析和论述，这四种模式分别为海外并购重组、绿地投资、合营与联营。四是深度分析，主要从两个方面进行分析，其一为海外业务收入比例，其二为海外关联公司资产比例，然后对这两个指标分别从综合情况、上市企业市场、上市板块、产权性质、所处行业、注册地 6 个方面进行分析。五是广度分析，与深度分析一致，也是从两个方面进行衡量，其一为海外关联公司数量，其二为海外关联公司分布国家/地区数量，然后对这两个指标分别从 6 个方面进行详细的分析。

第 5 章　基于上市公司数据的北京企业品牌国际化发展实证研究

当前，我国正处于“内生驱动、全球布局”的战略机遇期，这是企业品牌发展的新阶段。在全球化浪潮和企业自身发展的驱动下，推动品牌国际化发展已成为许多企业的重要战略选择。但企业品牌国际化的发展程度势必会受到诸多因素的影响，同时，企业品牌国际化的发展会潜在地影响企业绩效。因此，要形成对企业品牌国际化的系统认知，既要厘清企业品牌国际化发展的“前因”，也要看到企业品牌国际化发展带来的“后果”。本章内容旨在通过实证分析，探析北京企业品牌国际化发展的影响因素，并进一步分析企业品牌国际化发展对企业绩效的影响。

5.1　研究假设

5.1.1　企业品牌国际化发展的影响因素

企业品牌国际化程度是衡量品牌国际化发展的重要因素。学者通常将企业品牌国际化程度从广度和深度两个维度进行分析。据此，本书通过使用企业品牌国际化广度和品牌国际化深度来评估企业品牌国际化发展的“质”与“量”，并进行具体论述。

1. 董监高特征

相关研究大多认为高管在企业的国际化战略中所发挥的作用至关重要。然而，既有研究中较多关注企业管理层的性别、年龄、海外教育背景、国际化经验对企业国际化的影响，忽视了管理层性别比重对企业国际化发展的影响。有研究发现，女性高管具备较高的风险规避意识，在国际化战略中更倾向于采取更加稳健、更具规律性的扩张方式，在企业品牌国际化战略的推进上态度可能更谨慎，这在一定程度上减弱了品牌国际化发展的程度。而相较于女性，男性高管拥有更强的竞争意识，在决策上也更为大胆，在投资中也拥有更高的自信程度。因此，在企业的董监高团队中，当男性占比较高时，则更可能对企业品牌国际化的发展形成更加积极的认知和更加开放的态度。据此，本书认为，在董监高团队中，男性在总人数中的比重越高，企业品牌国际化的发展程度越高，即企业管理层的性别比特征会对企业品牌国际化发展产生影响，并提出以下假设：

H1：董监高的性别比特征对企业品牌国际化程度产生影响；

H1a：董监高的性别比特征对企业品牌国际化广度产生影响；

H1b：董监高的性别比特征对企业品牌国际化深度产生影响。

2. CEO **权力**

CEO 作为企业战略的主要决策者和负责人，其权力代表着自身影响他人和企业决策的能力，CEO 权力对企业国际化战略选择具有重要影响。基于代理理论，高层管理者具有构建“企业帝国”的内在动机，而当其权力较大，其拥有更大的自由裁量权时，会倾向于在任期内大量快速地进行扩张，加大投资力度和扩大规模是常用手段之一。因此，推动企业品牌国际化发展将成为 CEO 的倾向性选择。据此，本书认为，CEO 的权力越大，就越倾向于选择扩大企业规模，提升企业国际化经营程度，进而扩大企业品牌国际化广度。而当 CEO 拥有的权力较小时，权力特征会导致其产生消极认知，从而过度关注国际化扩张风险，因而对品牌国际化扩张持消极态度。同时，在代理理论视角下，CEO 的权力越大不仅意味着公司会有更高的营业绩效，也意味着公司会面临更大的经营风险。当企业已经做出品牌国际化战略的抉择后，由于海外环境与本国环境存在明显的政策、经济及文化差异，会面临较大的复杂性和不确定性。CEO 的权力越大，其注意力越会集中在对品牌国际化扩张机会的把握上，从而忽视风险类问题，进而影响到企业品牌国际化建设的质量和深度。故而本书认为，CEO 的权力强度过大会对品牌国际化深度产生一定负面影响。综合上述分析，提出以下假设：

H2：CEO 权力对企业品牌国际化发展产生影响；

H2a：CEO 权力对企业品牌国际化广度产生正向影响；

H2b：CEO 权力对企业品牌国际化深度产生负向影响。

3. 融资约束

融资约束是阻碍企业进入国际市场的重要壁垒。当企业有了品牌国际化的发展需求时，需要一定的资金支持才能完成相应的经营活动，在此过程中，融资约束问题会成为影响企业品牌国际化发展程度的重要因素。现有研究发现，融资约束会降低企业对外直接投资的可能性，还会抑制企业对外直接投资规模的扩张。在企业融资实践中，我国多数企业仍处于国际化经营初级阶段，在国际化发展过程中会受到国际化管理经验不足、融资难等问题的限制，同时国内金融市场不健全、资本市场不发达等问题使得企业融资更加困难。而企业无论是要提升品牌国际化广度或是品牌国际化深度，都需要大量的资金做支撑。融资约束问题会带来资金支持不足的问题，这使企业品牌国际化发展常常面临更大的不确定性。据此，提出以下假设：

H3：融资约束对企业品牌国际化发展具有负向影响；

H3a：融资约束对企业品牌国际化广度具有负向影响；

H3b：融资约束对企业品牌国际化深度具有负向影响。

4. 研发投入

研究与开发（R&D）是跨国公司获取全球竞争优势的主要源泉，有助于加快企业国际化发展进程。企业进行的 R&D 投资实际上是对产品生产和市场扩张的一种支持，为扩大市场份额服务。为了降低 R&D 成本而对海外进行 R&D 投资被认为是有资源获取性动机。在品牌国际化发展中，R&D 既有利于跟踪国际市场的最新技术和信息，又有利于获得新的市场份额和较为丰富的资源；既可以帮助企业拓展其品牌国际化广度，又助益了企业品牌国际化深度的建设。基于此，本书认为，企业的 R&D 投资有利于企业品牌国际化广度和深度建设，并提出如下假设：

H4：R&D 对企业品牌国际化发展具有正向影响；

H4a：R&D 对企业品牌国际化广度具有正向影响；

H4b：R&D 对企业品牌国际化深度具有正向影响。

5. 产权性质

国有和非国有作为两种普遍的产权模式影响着企业国际化发展过程中的各类资源供给和企业的国际化战略决策。在中国企业的国际化进程中，国有企业仍扮演着主要角色。一般而言，国有企业更有可能获得更强的资源支持，而非国有企业更容易受到融资困难等问题的影响，由此也引致了两类企业对外扩张时的动机差异。相较于非国有企业，国有企业在推进品牌国际化发展方面获得的机会和资源更多，“底气”更足，使品牌国际化广度和深度水平不断提升。此外，考虑到国有企业品牌国际化的发展还包含了彰显中国实力的意味，国有企业的对外投资具有一定的风险偏好，能规避可能的风险，但这些优势却不能为非国有企业所利用，进而影响了非国有企业的品牌国际化广度和深度。基于上述分析，提出以下假设：

H5：产权性质对企业品牌国际化发展具有正向影响；

H5a：国有企业比非国有企业有更高的品牌国际化广度；

H5b：国有企业比非国有企业有更高的品牌国际化深度。

6. 企业规模

企业跨国经营和品牌国际化竞争优势的建立需要大量的资源做支撑，而资源主要来源于企业内部。在资源理论视角下，企业规模越大，意味着企业拥有更多的资源储备和较强的资源运用能力。无论是在横向维度上对品牌国际化广度的扩充，还是在纵向维度上对品牌国际化深度的推进，都离不开企业资源的支持。在品牌国际化发展过程中，规模较大的企业通过充分的资金、技术、人才等资源的供给，可以提高品牌应对风险和挑战的能力，进而提升企业品牌国际化广度和品牌国际化深度。据此，提出以下假设：

H6：企业规模对企业品牌国际化发展具有正向影响；

H6a：企业规模对企业品牌国际化广度具有正向影响；

H6b：企业规模对企业品牌国际化深度具有正向影响。

5.1.2　企业品牌国际化发展对企业绩效的影响

现有研究大多关注企业国际化的经济效应，而忽视了伴随而来的其他效应。本书认为，企业绩效可以体现在多个方面，包括社会责任绩效、创新绩效、财务绩效等。随着企业品牌国际化程度的深入，品牌国际化广度和深度的不同表现也可能对企业不同维度的绩效产生差异性影响。

1. 企业品牌国际化发展对企业社会责任绩效的影响

关于企业社会责任绩效的研究存在多种看法，一种是基于经济动机理论，认为企业的社会责任实质上是企业的一种获利手段，企业通过履行社会责任来获得声誉资本，进而促进其经营绩效的提升；另一种是从道德伦理的视角出发，认为企业履行社会责任是企业回馈社会、展示形象的行为。有研究认为，在推进企业品牌国际化发展进程中，随着品牌国际化广度和深度的提升，为夯实和稳固已有的品牌效应成果，企业可能会通过积极承担社会责任来提升企业品牌形象，形成品牌竞争力优势，但这必须以企业品牌国际化广度和深度发展到较高水平为基础。当前我国企业国际化发展仍然处于战略机遇期，在推进品牌国际化发展中要面临诸多的不确定因素，如贸易壁垒、文化差异、价格波动和政治风险等，要实现品牌国际化广度和深度的提升，需要付出巨大的管理成本和经营成本。这种情况下，企业可能更关注品牌国际化发展进程这一重点，而较少关注企业的社会责任绩效。并且，一些企业品牌在进入新市场后，受到品牌国际化经营经验缺乏、与本地市场环境嵌入程度低的影响，经常被贴上“产品低端”“治理不善”等标签，衍生了对企业的消极评价，进而影响到外部对企业社会责任的评价和看法。据此，本研究认为，品牌国际化广度和深度的进一步发展，会对企业社会责任绩效带来一定负面影响，并提出以下假设：

H7：企业品牌国际化发展对企业的社会责任绩效产生负向影响；

H7a：企业品牌国际化广度对企业的社会责任绩效产生负向影响；

H7b：企业品牌国际化深度对企业的社会责任绩效产生负向影响。

2. 企业品牌国际化发展对企业创新绩效的影响

诸多研究已关注到企业国际化行为与企业创新绩效的关系。Schnabel 在研究中发现，具有国际化行为的企业会创造更多的知识资源，并对企业创新产生重要影响。赵刚认为，企业在国际化过程中，通过嵌入异质的国外创新体系，可以获得促进产业升级的新技术、新知识。但此类研究多关注企业国际化行为对其创新绩效的影响，而对企业品牌国际化程度与创新绩效的关系则鲜有探讨。本书认为，企业品牌国际化程度的不同表现会对企业创新绩效带来不同影响。一方面，品牌国际化广度关注的是品牌进入新的市场环境的范围。根据跳板理论，当企业进入新的国际市场时，可以获取更加多样化的战略资产，这对企业创新十分重要。然而，本书认为，企业品牌国际化广度的提升并不意味着企业创新绩效的加大，相反，品牌管理的复杂性和难度会随着市场异质性的增强而加大，甚至对企业创新绩效产生负面影响。原因在于，过度的品牌国际化使企业倾向于通过结构化模式来实现对多个跨国子公司的统一管理。由于要处理跨国事务以及协调部门活动，企业更多关注的是内部管理和日常运营，而这在一定程度上制约了企业的创新发展。另一方面，随着品牌国际化深度建设的推进，企业品牌的国际化行为更多关注的是投入资源对品牌收益的影响，更加注重品牌自身“质”的建设，在建设过程中，通过解决既有问题或限制条件而为企业带来创新所需的新的生产要素、先进知识或其他资源，从而有助于企业创新绩效的提升。因此，企业品牌国际化发展所带来的创新绩效可能因其广度或深度的不同而产生差异性的影响。综上所述，提出以下假设：

H8：企业品牌国际化发展对企业的创新绩效产生负向影响；

H8a：企业品牌国际化广度对企业的创新绩效产生负向影响；

H8b：企业品牌国际化深度对企业的创新绩效产生负向影响。

3. 企业品牌国际化发展对企业财务绩效的影响

品牌国际化发展对企业而言是一个渐进式的学习过程，企业推动品牌国际化发展的主要目的在于通过建立品牌国际化的竞争优势来提升企业经营绩效。在组织学习理论视角下，企业在推动品牌国际化进程中会通过组织学习和获取知识不断提升自身的经营能力，并借由新产品建立新优势，从而帮助企业提升财务绩效。具体而言，在品牌国际化过程中，尽管企业品牌建设所面临的环境和条件都发生了变化，但国际市场也为企业品牌建设提供了诸多发展机遇，如新知识、新的技术手段、新的经营理念以及海外市场经营经验等，这些都会为企业品牌国际化发展提供帮助，促进企业财务绩效的提升。本书认为，企业在推动品牌国际化广度建设中，会为企业财务绩效的提升创造和提供新的市场机会和消费资源，而企业品牌国际化深度的建设会帮助企业稳固既有竞争优势或建立新优势来促进企业的新发展，从而对企业财务绩效的提升起到促进作用。据此，提出以下假设：

H9：企业品牌国际化发展对企业的财务绩效产生正向影响；

H9a：企业品牌国际化广度对企业的财务绩效产生正向影响；

H9b：企业品牌国际化深度对企业的财务绩效产生正向影响。

5.2　样本选择和数据来源

样本选择以 2012—2019 年的北京 181 家上市公司为研究对象，主要数据来源于国泰安（CSMAR）数据库与和讯网，部分变量则根据已有文献的要求进行测算和特殊处理，如融资约束指数剔除了 ST、* ST、PT 股以及上市不满一年、已退市或暂停上市的企业。在获取合并数据表后为减小误差进行了以下处理：①剔除研究期间缺乏数据的样本；②剔除财务数据异常的公司，最终得到了有效的 727 个观测值。

5.3　企业品牌国际化的影响要素分析

5.3.1　变量测量

这一部分关注的是企业品牌国际化的“前因”，具体考察的是企业品牌国际化广度和企业品牌国际化深度的影响因素。涉及的变量包括以下两个。

1. 被解释变量

品牌国际化本质上体现的是品牌背后企业的国际化发展程度。既有研究中对企业国际化程度的评估包含多种方式，如通过海外销售在总销售额中的比重、海外雇员在总雇员中的比重、海外子公司在全部子公司中的比重等来衡量。但考虑到企业品牌国际化发展需要兼顾“质”与“量”，因此，对企业品牌国际化程度的评估应兼顾企业品牌国际化经营的广度与深度。本书将企业品牌国际化程度进一步划分为品牌国际化广度和品牌国际化深度，其中，品牌国际化广度通过海外关联公司数量这个指标来测量，用于展现企业海外经营市场的广泛程度。考虑到数据的可获取性，本书采用海外业务收入在营业收入中的比重来反映企业品牌国际化深度。

2. 解释变量

自变量包括董监高特征、CEO 权力、融资约束、研发投入、产权性质、企业规模。其中，董监高特征侧重于考察管理层男性在总人数中的比重；CEO 权力使用 CEO 权力差权来测量，由是否兼任董事长、是否是公司的内部董事、是否具有高级职称、任职年限是否够长、是否具有股权、机构投资者的持股水平、是否具有高学历的教育背景、是否在外兼职 8 个变量拟合而成；融资约束采取 SA 指数来计算；R&D 通过研发投入在营业收入中的比重来计算；产权性质中，1 代表国有企业，0 代表非国有企业；企业规模则通过企业总资产的对数取值来测量。

各变量的类型、名称及测量方法如表 5-1 所示。

表 5-1　　变量类型、名称及测量方法

变量类型	变量名称	测量方法
被解释变量	国际化广度	海外关联公司数量
	国际化深度	海外业务收入比重
解释变量	董监高特征	管理层男性在总人数中的比重
	CEO 权力	CEO 权力差权
	融资约束	SA 指数
	研发投入	研发投入在营业收入中的比重
	产权性质	1=国有企业，0=非国有企业
	企业规模	总资产的对数取值

5.3.2　描述性统计及 Pearson 相关性分析

为实现对研究变量特征的初步分析，本书对各变量进行了描述性统计及 Pearson 相关性分析，以检验各变量之间是否存在多重共线性。变量的描述性统计与 Pearson 相关性分析结果如表 5-2 所示。

表 5-2　变量的描述性统计及 Pearson 相关性分析

序号	变量	均值	标准差	1	2	3	4	5	6	7	8
1	董监高特征	82.02	12.14	1							
2	CEO 权力	0.0754	0.999	-0.157	1						
3	融资约束	-3.585	0.375	0.323	-0.0867	1					
4	研发投入	7.904	8.708	-0.185	0.148	-0.152	1				
5	产权性质	0.325	0.469	0.379	-0.237	0.427	-0.293	1			
6	企业规模	22.65	1.879	0.450	-0.106	0.626	-0.405	0.637	1		
7	国际化广度	3.085	5.705	0.073	0.145	0.091	-0.102	0.008	0.245	1	
8	国际化深度	10.16	18.14	-0.008	0.014	0.022	-0.041	0.052	0.078	0.448	1

从变量间的相关系数来看，各变量间的相关系数数值均小于 0.7 的多重共线性阈值，因此变量间不存在严重的多重共线性。

5.3.3　假设检验

对模型的设定进行 Hausman 检验，结果显示统计量对应的 p 值不显著，说明随机效应模型优于固定效应模型。故本书采用随机效应模型，分别考察董监高特征、CEO 权力、融资约束、研发投入、产权性质、企业规模对企业品牌国际化广度和品牌国际化深度的影响作用，回归结果如表 5-3 所示。

表 5-3　企业品牌国际化广度和深度的影响因素分析

变量	模型 1 因变量为国际化广度	模型 2 因变量为国际化深度
董监高特征	-0.013 (0.017)	-0.078 (0.059)

续 表

变量	模型 1 因变量为国际化广度	模型 2 因变量为国际化深度
CEO 权力	0. 303** (0. 135)	-0. 946** (0. 471)
融资约束	-2. 350*** (0. 788)	-5. 976** (2. 851)
研发投入	0. 025 (0. 021)	0. 028 (0. 072)
产权性质	-0. 994 (0. 651)	-0. 770 (2. 334)
企业规模	1. 384*** (0. 164)	2. 104*** (0. 589)
常数项	-35. 444*** (4. 889)	-51. 805*** (17. 228)
观测值	727	727

注：*** $p<0.01$，** $p<0.05$，* $p<0.1$。

模型 1 考察的是企业品牌国际化广度的影响因素。由表 5-3 的回归结果可知，CEO 权力对企业品牌国际化广度产生正向显著性影响，影响系数为 0. 303，并在 0. 05 的水平上显著，假设 H2a 得到验证。融资约束对企业品牌国际化广度的影响系数为-2. 350，并在 0. 01 的水平上显著，这说明随着融资约束的增强，会负向影响企业的品牌国际化广度，假设 H3a 得到验证。同时，企业规模对企业品牌国际化广度产生了正向影响，影响系数为 1. 384，并在 0. 01 的水平上显著，这意味着随着企业规模的增大，其品牌国际化广度也得到提升，假设 H6a 得到验证。而董监高特征、研发投入、产权性质对品牌国际化广度的影响并未获得统计学上的显著性支持，假设 H1a、H4a、H5a 未得到验证。

模型 2 考查的是各自变量对企业品牌国际化深度的影响表现。由结果可知，CEO 权力对品牌国际化深度产生负向显著性影响，其系数为-0. 946，并在 0.05 的水平上显著，假设 H2b 得到验证。融资约束对企业品牌国际化深度的影响系数为-5.976，并在 0.05 的水平上显著，假设 H3b 得到验证。企业规模对品牌国际化深度在 0.01 的水平上呈正向显著性影响，其影响系数为 2.104，假设 H6b 得到验证。而董监高特征、研发投入、产权性质对品牌国际化深度的影响则不显著，假设 H1b、H4b、H5b 未得到验证。

5.4　品牌国际化对企业绩效的影响分析

5.4.1　变量选择

本节关注的是企业品牌国际化的“后果”，具体考察企业的品牌国际化广度和品牌国际化深度对企业组织绩效的影响，包括社会责任绩效、创新绩效、财务绩效，主要变量如下。

1. 被解释变量

对企业绩效的准确评价有助于对企业国际化发展做出合理的评估。关于企业绩效的测量，既可以通过多重指标来进行，也可以通过单一指标来评估。但考虑到企业发展并非仅仅追求单一的经济绩效目标，还涵盖了企业的社会责任目标、创新目标等。遂为了体现企业绩效的系统性和多维性，本书从三个不同角度，即企业的社会责任绩效、创新绩效和财务绩效来确定绩效评价指标。其中，企业的社会责任绩效使用 2010—2019 年和讯网上市公司社会责任评分来测量；创新绩效通过企业的专利数量来测量，专利数量分别对专利、发明专利、实用新型专利、外观设计专利四种类型的专利数量进行横向加总，再对已申请、已获得、已授权、截至报告末累计已申请、截至报告末累计已获得、截至报告末累计已授权 6 种类型进行纵向加总，得到专利总数量；财务绩效则通过总资产净利润率（ROA）来观测，原因在于 ROA 能较好地反映企业运用所有资产获取报酬的能力，从而更好地反映企业财务绩效。

2. 解释变量

将企业品牌国际化广度和品牌国际化深度作为自变量纳入模型分析，各变量的类型、名称及测量方法如表 5-4 所示。

表 5-4 变量类型、名称及测量方法

变量类型	变量名称	测量方法
因变量	社会责任绩效	和讯网上市公司社会责任评分
	创新绩效	专利获取数量
	财务绩效	总资产净利润率（ROA）
自变量	品牌国际化广度	海外关联公司数量
	品牌国际化深度	海外业务收入比重

5.4.2 描述性统计及 Pearson 相关性分析

主要变量的描述性统计与 Pearson 相关性分析结果如表 5-5 所示。从变量间的相关系数来看，各变量间的相关系数数值均小于 0.5，这说明变量间不存在严重的多重共线性。

表 5-5 主要变量的描述性统计及 Pearson 相关性分析

变量	均值	标准差	1	2	3	4	5
国际化广度	3.085	5.705	1				
国际化深度	10.16	18.14	0.448	1			
社会责任绩效	0.0379	0.0725	-0.057	-0.042	1		
创新绩效	23.75	14.72	0.0427	0.0262	0.388	1	
财务绩效	1024	3215	0.131	0.083	-0.035	0.032	1

5.4.3 假设检验

为了进一步考察企业国际化战略对其组织绩效的影响，分别以社会责任绩效、创新绩效、财务绩效作为因变量。经过 Hausman 检验，采用固定效应模型来考察企业品牌国际化广度和品牌国际化深度对企业绩效的影响，检验结果如表 5-6 所示。

表 5-6　　品牌国际化广度和深度对企业绩效的影响分析

变量	模型 3 社会责任绩效	模型 4 创新绩效	模型 5 财务绩效
国际化广度	−0.003 *** (0.001)	−0.533 ** (0.227)	26.916 (26.455)
国际化深度	−0.000 (0.000)	−0.023 (0.069)	2.196 (8.010)
常数项	0.051 *** (0.005)	25.628 *** (0.997)	918.803 *** (116.218)
观测值	727	727	727
决定系数	0.019	0.011	0.002

注：*** $p<0.01$，** $p<0.05$，* $p<0.1$。

模型 3 的结果表明，品牌国际化广度（$\beta=-0.003$，$p<0.01$）对企业的社会责任绩效产生负向显著性影响，这说明品牌国际化广度的提升会在一定程度上给企业的社会责任绩效带来消极影响，但这种影响较小，假设 H7a 得到验证。而品牌国际化深度对企业社会责任绩效的影响则不显著，假设 H7b 未得到验证。

模型 4 的结果表明，品牌国际化广度（$\beta=-0.533$，$p<0.05$）对企业的创新绩效产生负向显著性影响，假设 H8a 得到验证，即企业品牌国际化广度的提升会对企业的创新绩效带来一定负向影响。而品牌国际化深度对企业创新绩效的影响未呈现显著性结果，假设 H8b 未得到验证。

模型 5 的结果表明，企业品牌国际化广度和国际化深度对企业的财务绩效均未产生显著性影响，假设 H9a、H9b 未得到验证。

5.5　结果讨论

本书通过分析企业品牌国际化广度和国际化深度的影响因素，以及探究企业品牌国际化广度和品牌国际化深度对企业社会责任绩效、创新绩效和财务绩效的影响作用，系统地分析了样本企业国际化发展的“前因”和“后果”。通过理论分析和实证研究，初步获得以下基本结论。

第一，CEO 权力对企业品牌国际化广度具有正向影响，而对企业品牌国际化深度具有负向影响。

通过实证研究发现，CEO 权力对品牌国际化广度具有正向显著影响，而对企业品牌国际化深度具有负向影响。CEO 位居企业科层结构的顶端，是企业品牌国际化战略的主要决策者和负责人，其权力特征会影响到企业的国际化战略。而 CEO 权力是将个人意愿转化为可执行的企业战略的能力。一方面，CEO 权力对品牌国际化广度具有正向影响的原因在于，CEO 在进行国际化战略决策时，其拥有的权力越大，其行为越趋向于有所作为，从而造成其会积极推动品牌国际化进程，进而促进品牌国际化广度的提升。另一方面，企业在国际化经营过程中存在着较多的不确定性风险和短期成本，若不及时解决可能会制约品牌国际化的建设深度。而如果 CEO 对品牌国际化扩张机会把握不好，可能导致 CEO 对品牌国际化深度关注不足，可能会降低品牌国际化的建设成效，从而影响企业品牌国际化深度。因此，在微观层面上，推进企业品牌国际化广度和深度与 CEO 的权力存在关联，CEO 在注重品牌国际化广度的同时，可适当通过引导手段提升 CEO 对品牌国际化建设质量的关注度，以扩大品牌国际化深度。

第二，融资约束对企业品牌国际化广度和深度具有负向影响。

本书将企业的融资约束视作品牌国际化程度的影响因素，探讨了融资约束对品牌国际化广度和品牌国际化深度的影响。结果显示，企业的融资约束对企业的品牌国际化广度和深度均具有显著的负向影响。无论是品牌国际化发展的前期投入，还是具体深化战略的实施推进，都需要稳定的资金支持。然而，由于企业的国际化发展往往面临着较大风险与不确定性，会面临资金不足的困境，需要依靠外部融资来弥补自身的资金短缺。而企业在品牌国际化发展中需要大量资金维持，所受到的融资约束越强，就会面临更多的资金困境，进而对品牌国际化广度和深度产生消极影响。对此，企业要注重在品牌国际化发展过程中营造有利的融资环境，减少企业面临的融资约束和金融市场摩擦问题，为品牌国际化发展提供必要的资金支持。

第三，企业规模是影响企业品牌国际化广度和品牌国际化深度的关键因素。

检验结果显示，企业规模对其品牌国际化广度和国际化深度均产生了显著的正向影响，这说明企业规模的扩大促进了企业品牌国际化广度和品牌国际化深度的提升。资源理论侧重强调组织的能力优势，认为组织成长的潜力受到企业经营规模和经营范围的影响。企业品牌国际化的扩张和深化需要以一定的资源基础为前提，企业规模越大，则意味着有越强的资源配置能力和越多的资源配置机会来支持企业品牌国际化的发展，进而促进品牌国际化广度和深度的提升。这也启示企业，在推动品牌国际化发展的过程中，在“走出去”的同时，要注意好企业的本体建设，不断增强企业的竞争力。

第四，企业品牌国际化广度对企业社会责任绩效和创新绩效具有一定负向影响。

本书通过对品牌国际化广度与国际化深度的区分，探讨不同国际化扩张战略对企业社会责任绩效、创新绩效和财务绩效的影响。从分析结果来看，品牌国际化广度的提高对企业社会责任绩效和创新绩效产生了一定的负面影响。从具体的影响表现上看，品牌国际化广度的提高对企业的社会责任绩效的影响较为微小，而对企业创新绩效的负向影响稍高。

从资源基础理论的视角来看，随着品牌国际化广度和深度的提升，企业能在国际市场中获得更大的优势，因此更能促进组织绩效的提升。但研究发现，企业品牌国际化的扩张对企业的社会责任绩效和创新绩效带来了一定程度的负向影响。可能的解释为，企业品牌国际化在推进过程中，受国际化经验不足、不同文化和制度环境冲击、知识吸收能力有限、外来者劣势等因素的影响，品牌国际化广度的提升会存在资源供给不匹配、与当地市场环境的嵌入性弱等问题，进而导致企业将注意力更多地置于解决“内部”问题而对“外部”的社会责任问题的关注度减少，从而降低了企业的社会责任绩效。同时，企业品牌国际化扩张带来的经营风险会导致企业创新成本的提升和创新积极性的下降，也因此降低了企业的创新绩效。对此，企业在品牌国际化过程中，应注意把握好国际化的节奏，循序渐进地推进品牌国际化广度的提升。

此外，研究发现，企业品牌国际化深度对企业的影响未呈现显著，这可能与当前企业品牌国际化深度建设仍处于品牌国际化发展的初级或中级阶段，由品牌国际化深度发展带来的效益还未充分发挥有关。

5.6 本章小结

北京企业品牌国际化发展的实证研究主要内容是用数据对前文提及的品牌国际化的影响因素和品牌国际化对企业绩效的影响，以及企业品牌国际化深度和广度进行实证检验。企业品牌国际化影响因素用董监高特征、CEO 权力、融资约束、研发投入、产权性质、企业规模六个指标衡量，国际化程度用企业品牌国际化广度和深度衡量，绩效用财务绩效、创新绩效、社会责任绩效三个指标衡量，这一框架构成了本章实证分析的主要内容。

第 6 章　北京非上市公司品牌国际化发展现状及创新研究：以科技行业为例

6.1　北京科技企业品牌国际化

6.1.1　北京科技企业品牌国际化概述

自 2001 年中国正式加入世界贸易组织以来，中国的国际贸易环境逐渐改善，出口市场逐渐多元化，对外经济贸易不断拓展。2013 年，习近平总书记提出共建“丝绸之路经济带”和“21 世纪海上丝绸之路”的合作构想，“一带一路”建设从无到有、由点及面，进度和成果超出预期。[①] 2018 年 4 月 10 日，国家主席习近平在博鳌亚洲论坛 2018 年年会开幕式上发表主旨演讲，宣布一系列中国扩大对外开放的强力举措，发出“中国开放的大门不会关闭，只会越开越大”的时代强音。2020 年 11 月 15 日，第四次区域全面经济伙伴关系协定领导人会议以视频方式举行，会后东盟 10 国和中国、日本、韩国、澳大利亚、新西兰共 15 个亚太国家正式签署了《区域全面经济伙伴关系协定》，标志着当前世界上人口最多、经贸规模最大、最具发展潜力的自由贸易区正式启航，中国在持续不断地推动对外开放进程。在这一背景下，中国的企业已经不再满足于国内市场，而是渴望寻求更大的发展空间，越来越多的企业响应国家“走出去”政策号召，积极进军国际市场。尽管经济环境不确定性给中国企业的国际化进程带来了一定的阻力，但“走出去”依然是新时代中国企业发展的主旋律。然而，对外开放带来了“走出去”的机会，也带

---

① 赵周贤，刘光明．“一带一路”：中国梦与世界梦的交汇桥梁［J］．决策与信息，2015（4）：27-29.

来了“走进来”的竞争者，尝试国际化的企业也都发现，开拓海外市场不是一件简单的事情。要想在国际市场上更好应对来自世界各地竞争者的挑战，就必须重视品牌的建设。只有品牌国际化做得好，企业才能成功地在国际市场拥有一席之地。

品牌国际化对于中国企业来说不是一件易事，但近年来，中国的科技企业在品牌国际化方面取得了优异的成绩。在英国 Brand Finance 公司发布的 2020 年全球最具价值品牌 500 强榜单中，华为（HUAWEI）排名第十，毫无疑问地成了我国科技企业的标杆。进入 500 强的中国科技企业除华为外还有美的（Midea）、格力（Gree）、海尔（Haier）、小米（MI）、联想（Lenovo）、中兴通讯（ZTE）等品牌。而在 Interbrand 公司公布的 2019 全球品牌 100 强中，中国上榜品牌仅有华为一家科技型公司。科技行业的发展一向是衡量国家综合实力的一项重要指标。科技行业是一个比较具有代表性的行业，中国科技企业在品牌发展方面的表现，对于行业内其他企业甚至是其他行业都有着重要的借鉴意义。

北京作为中国的首都，拥有众多的高校集群和科研基地，聚集了众多的科技企业，拥有对外经济贸易的天然政策优势，是中国科技企业品牌国际化的风向标。北京地区的科技企业集首都的人才、资金、技术、政策等优势，经历了从小到大、从弱到强的发展历程，已成为首都经济的重要组成部分。截止到 2018 年，北京民营科技企业数量已达 2.56 万家，总收入达 5200 亿元，占北京地区 GDP 的一半以上。北京科技企业数量众多，种类齐全，既有历史悠久、基础雄厚的老牌传统科技企业，也有发展迅速、新兴崛起的高新科技企业，且科技研发水平领跑国内市场。因而以北京科技企业为切入点，研究北京非上市公司品牌国际化的路径，具有一定的代表性，下面将做具体分析。

6.1.2 北京企业品牌国际化的影响因素分析

品牌国际化的过程会受到来自企业内外部不同因素的制约，北京企业品牌国际化的主要影响因素主要有国际化动因、核心优势和市场环境三个方面。

1. 国际化动因

国际化动因是企业走上国际化道路的原因和动力所在，在企业的品牌国际化进程中占主导作用。根据已有研究和国际化实例，国际化动因可被提炼为市场导向、资源导向、知识导向、战略导向和政策导向五个类型。市场导向是指企业为开拓海外市场，避开国内的行业竞争而走上品牌国际化道路，市场导向是最基础的国际化动因；资源导向是指企业为了以最低的成本获取全球最合适的资源，通过品牌国际化来实现资源的最优配置，从而降低企业成本，这里的“资源”为广义概念，代指一切有形资源及无形资源；知识导向是指企业不是为了获取海外市场资源，而是为了追求新知识和新技术而开展品牌国际化，提升自己的创新能力和核心竞争力；战略导向是指企业从战略层面出发，为自身品牌制定品牌国际化战略，直接开展国际化经营；政策导向是指企业为了响应国家政策要求，开展品牌国际化，由于有制度保障和政策支持，企业能够从中受益很多，因而很多企业跟随政策引导。

2. **核心优势**

核心优势是企业布局海外市场的前提，企业要有独特性，品牌国际化才有成功的可能性。核心竞争力是形成企业核心优势的源泉，涉及企业的管理、人才、技术以及文化等各个方面。企业需要在品牌国际化进程中具备明显优势，才能在跨国经营中取得成功。依据竞争优势理论，竞争优势的基本战略类型有成本领先战略、差异化战略和集中化战略。

3. **市场环境**

市场环境是指企业经营时，所有影响品牌活动的内部和外部力量的总和。它是影响企业生存和发展的力量，市场环境的分析包括宏观环境分析、行业与竞争分析、微观环境分析、企业内部环境分析。宏观环境分析具体又可分为政治环境分析、经济环境分析以及社会文化环境分析。行业与竞争分析则需要考虑波特五力分析模型和主要竞争者分析。波特五力分析模型（Porter's five-forces model）是美国战略学家迈克尔·波特于1980年提出的，该模型引出如下观点：一个行业由五种基本竞争力量组成，即现有竞争者竞争力、客户讨价还价能力、潜在进入者入场能力、替代品的替代能力和供应商的议价能力。主要竞争者分析则需要识别企业主要竞争者，判别竞争者目标，识别竞争者的竞争手段，分析竞争者的优势和劣势，判断竞争者的反应模式。微观环境分析则需要考虑市场中的各个角色，如供应商、顾客、社会公众、营销渠道等。企业内部环境分析包括人力资源管理、信息系统管理、财务管理、研究与开发管理、生产管理、营销管理的分析。

综上，企业品牌国际化的影响因素及其作用机理如图 6-1 所示。

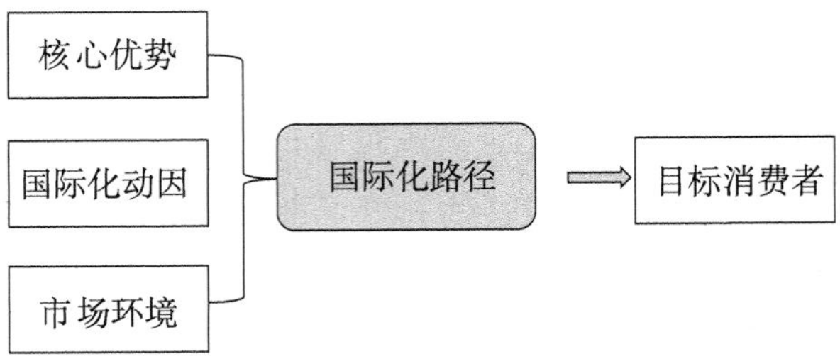

图 6-1　企业品牌国际化的影响因素及其作用机理

6.1.3　北京企业品牌国际化的阶段性特征

关于品牌国际化路径分析，相关理论研究主要围绕企业国际化进程模型、小企业成长阶段模型、五阶段企业国际化模型等展开。但已有研究更多的是将发达国家知名企业作为分析对象，围绕特定企业在海外市场开拓的发展历程、规模、所有权和控制权的转换以及资源的成熟度等展开，难以为发展中国家企业品牌国际化提供具有针对性的理论指导。张敏和武齐在综合已有文献的基础上，基于发展中国家企业的特征，构建了发展中国家企业品牌国际化的历程阶段模型，如图 6-2 所示。张敏和武齐对发展中国家企业品牌国际化阶段性特征的研究为北京非上市公司品牌国际化提供了可供借鉴的经验。

1. 准备阶段

国际化品牌首先必定是其国内的强势品牌，因此，在品牌国际化第一阶段，企业的主要目标是使品牌存活下来，在国内积蓄品牌发展潜力，使之成为国内的领导品牌，在这一过程中，出口贸易、来料加工和贴牌生产是主要的经营方式。北京相对于国内其他城市而言，拥有得天独厚的政策优势以及源远流长的历史底蕴，北京的企业品牌无论从质量还是数量上都在全国处于

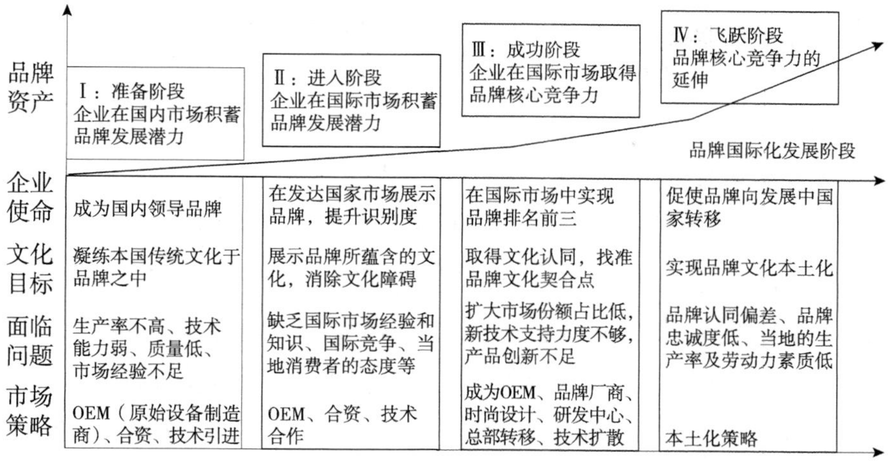

图 6-2　发展中国家企业品牌国际化的历程阶段模型

领先水平。此外，北京作为国家的外交中心，对外贸易活动频繁，也为北京的企业品牌国际化提供了有利条件。

2. 进入阶段

北京的企业向海外市场进军的路径不外乎两条：一是直接进入美日欧等发达国家（地区）市场。发达国家（地区）的消费者所在的市场环境信息较为丰富，因此不会简单地因为产品原产地而对产品形成片面评价。相反，当消费者所掌握的产品信息有限时，他们就无法正确地评价产品，此时，产品原产地作为一个很重要的总体信息就会发挥重要作用。欠发达国家（地区）市场消费者所拥有的产品资讯相对较少，消费者会简单地根据产品原产地对产品品质做出评价。因此，对于品牌影响力较低但产品品质较好的发展中国家企业而言，将发达国家市场作为切入口，实行“高端切入”战略，有利于提升品牌识别度，如 LED 显示驱动芯片、工业交换机、动车组空心车轴超声波探伤机等高新技术产品，这些都属于北京企业自主研发的科技产品，其制造工艺与产品质量均处于世界先进水平，因而先将这些产品投入欧美日的高端消费市场进行检验，经过高端消费市场的检验之后，再进军不发达市场将会畅通无阻。二是出于劣势品牌的考虑，先进入亚洲、拉丁美洲等欠发达市场，等积累了充分的经验、实力和品牌影响力之后再进入发达国家市场，即由“低端切入”的品牌国际化路径，这一路径虽然时间成本更高，但风险相对较低，是一种稳妥的进入方式。

3. **成功阶段**

由于成本领先和规模化生产所带来的边际利润急剧下降，以及在技术、资金和品牌方面羽翼渐丰，企业在品牌国际化的过程中陆续走上了自主开发和开拓海外市场的道路。但是，要想另立门户会遇到发达国家企业撤资、撤技术等问题。面对困境，企业必须采取及时有效的应对之策：①推出设计时尚的高端产品，吸引追求品质的高端消费者；②通过赞助全球性的活动，在世界范围内提升品牌的影响力；③跨行业实行品牌联合；④品牌重新命名或将公司总部（研发中心）转移到发达国家（地区），以发挥原产地效应；⑤引领尖端技术，占领高端市场。这一阶段能否经受压力并成功转型是企业品牌国际化成功与否的决定性因素。

4. **飞跃阶段**

在打开了美日欧等发达国家（地区）市场之后，企业再次将目光锁定在发展中国家市场，这不仅是出于成本因素考虑，更是“觊觎”发展中国家巨大的市场潜力。虽然北京企业的一些品牌在欧美市场取得了较大的成功，但在与欧美顶尖品牌的比较中，北京企业品牌还是处于相对劣势的地位。对于这点，发展中国家的消费者也是心知肚明的。所以，当北京企业准备进入发展中国家市场时便遇到了品牌认同偏差、品牌忠诚度低、当地的生产率及劳动力素质低等问题。研究表明，由于在生活方式、价值观念和行为方式方面更易于进行识别，大多数发展中国家消费者更加倾向于选择与本土文化相一致的品牌。所以，品牌本土化是这一阶段的首选策略。品牌本土化主要体现在市场活动本土化、广告本土化、传媒机构本土化和与当地民众共享利益，以及研发机构和研发人员本土化等方面。

6.2 北京科技企业品牌国际化路径分析

在经济全球化的进程中，实施品牌国际化战略需要进行资源的有效配置，这必然会使企业推动研发、生产、采购、设计和管理的国际化。一个企业的品牌国际化是由所有这些方面的国际化共同组成的，这些方面的国际化是一个有机的整体。因此，品牌国际化是一个复杂的过程，伴随着许多需要慎重考虑的问题，企业要根据自身的需求和特点，选择合理的品牌国际化路径进行组合，寻找最优解，才能使品牌在海外市场立足并获得成功。对于品牌国际化的路径选择，本书从进入路径和成长路径两个角度进行了归纳总结。

6.2.1　北京科技企业品牌国际化进入路径分析

1. 渐进式品牌国际化进入路径

与欧美等发达国家（地区）企业相比，北京企业的品牌国际化是一个相对艰难的过程。北京企业的品牌国际化起步较晚，发展至今只有三四十年的时间，在改革开放以后才开始尝试，致使企业品牌在海外的知名度不高。再加上我国企业的品牌国际化意识普遍不足，造成普遍国际影响力较低。[①] 在这一阶段尝试出海的企业，通常选择渐进式的品牌国际化进入路径，选择由易到难的拓展方式，逐渐将自己的品牌扩展到海外市场。

这类企业通常在核心优势上具有一个共同点，那就是技术创新。核心优势为技术创新的企业，对自己的产品具有一定的信心，虽然品牌在海外的拓展难度较大，但是通过推出产品，获取品牌知名度，逐渐积累，就能使品牌顺利走出国门。

渐进式品牌国际化进入路径的国际化动因以市场导向为主，后期逐渐转变为以知识为导向。早期，我国对外经济贸易开放水平不高，企业对于品牌国际化的认识不多，在国内市场成熟之后，出于扩大利润的考虑便会寻求进军周边国家市场。在逐渐走向海外的过程中，很多企业也开始意识到知识和核心科技的重要性，渐进式品牌国际化进入路径逐渐深入不同层次的市场，也就给这些企业创造了扎根人才市场、获取知识和技术的条件。

渐进式品牌国际化进入路径面临的市场环境总体来说呈现内外不协调的特点。从宏观环境和行业与竞争角度分析，企业面临的外部市场环境主要是

---

① 王天阳．浅谈中国品牌的国际化［J］．新闻研究导刊，2019，10（1）：228-229.

海外市场之间的国别差异。具体体现在由于经济发展水平不均，各国市场的运营条件不同，企业的海外业务拓展需要充分考虑到国别市场之间的差距，不能进行简单直接的标准化运营。从企业内部来看，由于北京的情况比较特殊，整体品牌出海经验不多，海外市场知名度不高，提升知名度也没有更简单直接的途径，只能逐渐拓展市场，获取关注。

2. 跨越式品牌国际化进入路径

品牌国际化是一个很复杂的过程，需要充分考虑企业自身的情况。按部就班地实施品牌国际化是常规的操作流程，但也很考验企业的硬实力，需要企业从长计议，逐步布局。跨越式品牌国际化进入路径更加专注于企业如何安全且快速地为自己的产品构造一个好的品牌形象，这种方式虽然跨越了传统意义上需要考虑的进入海外市场的许多步骤，但通过合理运用品牌资源，也能成功地为企业构造一个成功立足于国际市场的品牌形象。

选择跨越式品牌国际化的企业，其核心优势不再局限于某一点，而是在企业经营的整个环节上都必须建立明显的优势，为实现不同层级市场的成果跨越打下坚实的基础。北京作为一个独特且庞大的消费市场，为许多企业提供了成长的沃土，品牌可以在市场内实施多样化的产品策略，积累市场经验。一些企业在这样的背景下，拥有强大的销售能力，在渠道管理、产品策略等方面拥有丰富的经验。

随着企业的技术和产品创新，企业规模的扩大，国内市场难以满足企业发展的需要，企业就要走向国际市场。企业充分利用国际国内两个市场、两种资源，获得规模效应和学习效应，继而提高经营效率，获得更长远的发展。① 面对日益开放的对外经济贸易和日趋激烈的内部竞争，拥有雄厚市场基础和丰富营销经验的企业，在市场导向的国际化动因驱动下，希望能将自己的核心优势在其他市场复制，成为一家强势的国际化企业，打造一个国际化的品牌。同时市场的敏感性更增加了企业开拓海外市场的渴望。从行业与竞争角度分析，开拓海外市场面临的最大挑战就是激烈的竞争，尤其对于在技术创新能力上稍有不足的企业来说，正确应对在产品上占优势、在销售经验

① 阮福华．我国企业国际化经营的战略、动因及竞争优势分析［J］．对外经贸，2012（4）：121-122.

上与自己不相上下的国际品牌，是一件非常重要的事情。从企业内部来看，尽管企业运营能力很强，但自身品牌尚未有能力在海外搭建完善的销售体系，也没有办法像前文提到的那样利用产品优势打造品牌形象以打开市场，这时企业更需要考虑的是如何能够尽快发挥自身的销售优势。

3. **平行式品牌国际化进入路径**

平行式品牌国际化路径是指企业以品牌国际化战略为核心，将全球市场作为统一市场，进行统一的营销和宣传。平行式品牌国际化路径不区分市场进入的先后，而是将整个全球市场作为品牌的发展平台。企业聚焦于全球市场中的目标消费者，他们可能分布于不同的国家或地区，但具备同一种消费属性。通过直接对接全球消费者，企业能够避免很多跨国跨市场经营所需要面对的市场间的问题，直接打造一个国际化的品牌。

企业具备国际化的基因也是一种核心优势。事实已经表明，天生全球型企业能够实现快速发展，特别是高科技企业。Lindmark 等（1994）指出，大约 50%的北欧国家高科技企业在建立两年内就开始国际化。Moen（2002）在一项调查研究中指出，在调查样本中一半以上的企业（挪威和法国的中小出口企业）可以称得上是天生全球型企业，即建立时间短于 10 年且海外销售收入比重在 25%以上的企业。品牌国际化由企业的方方面面构成，包括供应链的全球化、营销的全球化、人才的全球化等。对于一些企业来说，品牌国际化是企业核心发展战略的一部分，企业能够对国际市场有更敏锐的洞察力。具备国际化基因的企业可以更早地利用国际化的人才去了解国际市场的不同特点，有针对性地制定更适合国际市场消费者的产品和营销策略。国际化的发展伴随着企业的成长，使品牌在国际市场的成长空间更大，也更能塑造高端的品牌形象。

对于平行式品牌国际化进入路径来说，企业的国际化是由品牌战略驱动的，企业的发展根植于全球市场。只要提高企业运用全球资源的效率，提升品牌在国际上的形象，就能够为企业吸引更多消费者，从而占领更多的市场份额，获得更多利润。企业不需要考虑如何扩大市场，只需专注于用自己的产品吸引更多用户，并通过品牌影响力使他们成为品牌的忠实用户。对于这类企业来说，品牌的发展离不开国际化，品牌国际化战略越成功，企业的未来就越好。

平行式品牌国际化进入路径需要注意两点：一是外部环境的互联网技术发展，二是内部环境的企业的产品定位。从外部讲，在平行式品牌国际化进入路径中，互联网技术是非常重要的一个必备条件，互联网技术使得企业的国际沟通变得即时而通畅，企业不仅能将品牌供应链中的沟通成本最小化，也能使品牌与顾客的沟通效果最大化。从内部讲，企业通常将产品定位在细分领域，为了能够在全球市场平行地服务所有地区的消费者，品牌必须抓住那些在世界范围内具备共性的消费者，产品定位不够清晰，则无法将自己的产品售卖至世界的各个角落。

企业的品牌国际化极为复杂，要考虑到国际、国内以及企业本身诸多的因素，因为每一种路径模式之间没有对与错、优与劣的分别，对企业而言，要充分了解企业自身的状况以及国内、国外市场的状况，选择适合本企业的路径。在此，本书仅从有利和不利两个方面比较与分析北京企业品牌国际化的各种路径模式（如表 6-1 所示）。

表 6-1　市场进入路径对比及适用范围

进入路径	具体模式	有利方面	不利方面	适用企业类型
跨越式进入路径	不发达→发达模式	成本比较低，难度相对而言也较小，在进入不发达市场的过程中，企业可以吸取品牌国际化的经验，品牌国际化的速度也比较快	欠发达国家的市场机制不够完善，部分国家内部矛盾重重，具有一定的风险，并且缺少有效而公平的竞争环境，品牌进入高级市场的难度十分大	北京高精尖科技企业
	发达→不发达模式	发达市场极为完善，品牌基础好，企业可以在进入发达市场的过程中汲取大量的品牌国际化经验，并且企业的起点很高，向欠发达市场扩散比较容易	企业在进入发达市场时必须保证自身拥有雄厚的资本，因为早期的成本非常高，且发达市场品牌众多、竞争十分激烈、风险巨大，很可能遭遇失败	北京高新制造企业
平行式进入路径	中间路径模式	企业在进入目标市场时，进入的难度处于中等的水平，并且品牌国际化的路径选择较为灵活	很难选择品牌进入的市场，品牌国际化的路径比较模糊	北京传统制造企业

续　表

进入路径	具体模式	有利方面	不利方面	适用企业类型
渐进式进入路径	由近至远路径式和单点扩散模式	由于企业所在国的文化与邻国的文化较为接近，邻国的消费者会快速接受企业的产品，品牌的扩散也更加迅速	企业品牌国际化的具体过程较为复杂，需要制定较为复杂的策略	北京新兴科技企业和特色文化企业

6.2.2　北京科技企业品牌国际化成长路径分析

1. 渐进式进入模式的品牌成长路径

综合考虑企业的核心优势、国际化动因和市场环境，渐进式品牌国际化的路径选择呈现出很平稳的渐进趋势。良好的技术储备和产品优势使得企业可以放心地输出产品，即使品牌能力暂时较弱，也可以通过投入和运营扩大品牌影响力。但考虑到品牌在海外的基础条件不足，直接进入世界市场风险很大，企业可以选择与当地知名的经销商进行合作，利用经销商品牌的知名度，将产品打入目标市场，从而接触目标消费者，当产品在当地有了一定的品牌认可度时，就可以转换为独立品牌。此外，如果企业自身的产品优势不强，也可以选择与当地市场的知名品牌进行合作，或者借用外国知名品牌进行贴牌生产，从而将自己的产品售往当地市场，借当地知名品牌的影响力，完成品牌“本土化”的过程，以便更快地融入新的市场。

对于走渐进式路径的企业而言，与国外企业的合作是必不可少的环节。通过与国外企业建立合资企业，或从国外吸收合格的员工（有企业经营经验或有技术）来提高技术能力，获取经营经验，从而改进企业的产品质量和服务质量，提高顾客的满意度。企业在母国销售自主品牌产品，将有助于提升客户对企业产品和服务的信任度，然后慢慢地企业在母国将获得大量的市场份额并初步为国外客户市场所了解。渐进式的品牌国际化路径强调适应性，通过和当地企业合作能更快实现市场进入，技术能力则保证了产品的绝对优势，企业可以集中精力为品牌打造良好形象。同时，本土化也能更好地保证企业在当地市场稳定发展。在逐渐适应品牌国际化的多样环境后，企业就可以选择巩固自己的品牌。渐进式的品牌国际化路径还可以为企业提供深入当地社会的机会，通过市场的逐步拓展，企业可以充分利用当地市场的人才优势，推动研发工作的开展。伴随着市场拓展，来自全球各地的人才和技术，能够更好地帮助企业塑造核心竞争力。

2. 跨越式进入模式的品牌成长路径

跨越式品牌国际化路径选择的重点是帮助企业避开自身的弱项，充分利用自身的强项，巧妙运用品牌资源以提升企业的竞争力。从品牌发展路径来看，跨越式品牌国际化路径或是“高端切入”，或是“低端切入”，目的是利用不同市场的竞争机制和环境来打造更高标准、更具普适性的品牌。经历了高标准的发达市场的磨炼后，品牌能够更快地打响国际知名度，能够减少后期推广到其他市场的难度，借用初始的品牌效应，能够树立良好的品牌形象，使企业能够花费更多精力在品牌具体的运营上。而低标准的市场经营则能最大限度地整合优势资源，增强品牌的国际知名度，发展忠实的消费者群体，为品牌进军高端市场打下良好的基础。无论是从发达市场出发还是从不发达市场出发，选择跨越式进入路径的企业，必须应对市场环境的大幅改变。当企业想要快速进入国际市场且实力雄厚的时候，可以选择收购一家在当地市场或者国际市场知名度较高的企业，通过整合不同品牌和资源来实现品牌国际化。当品牌国际化程度已经较高时，企业可以将自己的品牌特许给外国公司使用，从而使自身品牌的国际化程度更高。

跨越式品牌国际化路径需要企业注重品牌的运营。企业可以通过收购海外知名品牌或者设立独立品牌，在发达市场推广产品，积累人气，在品牌成熟以后对企业原始品牌进行有效的整合。企业需要注重发挥自己营销经验丰富的优势，充分调动在原有市场区域销售的经验。企业可以通过实施差异化战略，在与其他品牌的竞争中突出自身品牌特点，尽快占领市场，通过减少品牌扩展的中间环节，发挥自身的核心优势，扩展品牌国际影响力。跨越式品牌国际化路径强调的是资源的利用和整合，包括整合其他品牌和自身产品，以发挥企业的核心优势。通过价值链上核心业务的流程重组、资产重组和管理重组，使企业资源利用率得到提高，生产经营管理水平大幅度提升，企业核心竞争力和盈利能力进一步增强。

3. 平行式进入模式的品牌成长路径

平行式品牌国际化的路径选择不区分地理区域，将全球市场作为统一市场，企业直接面对全世界的目标消费者。品牌需要具备精准的定位，准确地抓住自己细分市场中的消费者。这类企业在创立之初就针对自己目标市场的特点，打造一个独立的自有品牌，通过长期运营和塑造使品牌成长为具备竞争优势的品牌，从而获得品牌国际化的成功。而在国际化中取得一定成绩的企业，可以合作组建一个战略联盟，创立一个联合品牌，共同开拓国际市场，从而实现企业间的优势互补，继续扩大品牌在国内外两个市场的影响力。

对于选择平行式进入路径的企业而言，其产品需要进行标准化的设计和销售，标准化的产品使得全球消费者在购买产品的同时感受到品牌的国际化属性。对于选择平行式品牌国际化路径的企业来说，渠道的选择也非常重要，充分利用互联网技术，开展线上营销，利用电商平台和国际物流，能够使企业快速接触消费者。作为北京的企业，发源于国内市场，即使是采取平行式的国际化路径，也势必会面临国内外市场的差异，这就需要企业及时做好国内外市场的整合工作，使企业真正打造为国际化的品牌。

6.2.3　北京科技企业品牌国际化路径案例研究

1. 渐进式品牌国际化路径——以“字节跳动”为例

字节跳动的品牌国际化路径选用的是典型的渐进式品牌国际化路径。字节跳动成立于 2012 年 3 月，其全球化布局始于 2015 年，“技术出海”是字节跳动全球化发展的核心战略，其旗下的“抖音”短视频平台已经成为该公司品牌国际化的典型产品。字节跳动属于北京新成立的高新科技公司，其品牌国际化起步相对较晚，因而国际经营经验和品牌的国际知名度相对不足，这种情况下，选择渐进式的品牌国际化路径是其最为稳妥的方式。

（1）数据挖掘的人工智能技术——字节跳动品牌国际化的核心优势

无论是综合资讯类的 TopBuzz、News Republic，还是短视频类的 TikTok、

Musical. ly、Flipagram、Vigo Video、BuzzVideo，字节跳动这些海外产品的内核，都是基于数据挖掘的人工智能技术。领先的技术保证了良好的产品体验，根据第三方市场数据机构 App Annie 的公开记录，Musical. ly 在美国、德国和法国，TikTok 在日本、泰国和印度尼西亚，Vigo Video 在印度和巴西，均多次登顶当地 App Store 或 Google Play 总榜。而《日本经济新闻》的一次对 100 名路人的随机问卷调查显示，100 人中有 24 人是 TikTok 用户。字节跳动人工智能领域主要研究方向为机器学习、自然语言理解、计算机视觉和人机交互与机器人。字节跳动的产品覆盖 75 个语种，基本上实现了全球范围内的文化互联互通。领先于世界的人工智能技术，是字节跳动实现品牌国际化的核心竞争优势。

（2）循序渐进、步步为营——把字节跳动到世界各地

字节跳动的品牌国际化主要分为三个阶段：一是以投资并购的方式收入海外市场的优质产品，并推动产品的深度融合。2017 年 2 月，字节跳动收购了美国短视频应用 Flipagram，投资 Vshow；11 月，收购了美国短视频应用 Musical. ly，之后又投资了海外直播产品 Live. me，这家公司旗下有短视频产品 Cheez。同年 5 月，字节跳动上线了海外版抖音 TikTok；7 月，对标火山小视频的 Vigo Video 在海外上线。在自有产品海外孵化逐渐成熟，收购项目的业务配合跑通后，字节跳动的下一步便是推动融合。2018 年 8 月，字节跳动宣布，将旗下两大短视频应用 Musical. ly 与抖音海外版 TikTok 合并。合并后，这两大短视频原有账号的内容和粉丝群将全部自动迁移到新平台，由此一个全新的全球短视频平台形成。截至 2019 年年底，字节跳动旗下产品全球月活跃用户数超过 15 亿人，业务覆盖 150 个国家和地区。以字节跳动旗下短视频社交应用 TikTok 为例，它连续两年位于全球热门移动应用（非游戏）全年下载量榜单前 5 名。

二是调整组织架构，吸纳海外管理人才。在业务层面的国际化逐渐成熟之后，字节跳动进一步加深国际化的程度，开始了组织层面的国际化进程，其中最为典型的就是 TikTok 的组织运营模式的改变。除内部高层的组织调整之外，TikTok 也在不断吸纳海外顶尖管理人员进入领导团队。2019 年 6 月，

在 Facebook 负责了 10 年全球商务合作的 Blake Chandlee 跳槽到字节跳动，成为字节跳动的全球商业解决方案副总裁；10 月，华纳音乐集团前高管 Ole Obermann 加入字节跳动，出任音乐总监。2020 年 1 月，曾为微软工作超过 20 年的前微软首席知识产权顾问 Erich Andersen 就任字节跳动法务副总裁；3 月，美国网络安全专家 Roland Cloutier 出任 TikTok 的首席信息安全官；5 月，迪士尼前高管 Kevin Mayer 出任字节跳动首席运营官兼 TikTok 全球首席执行官。除此之外，字节跳动在全球各个市场还有专门负责本土化的专业海外团队，这些海外人才涵盖了来自迪士尼、Google、Facebook、微软、索尼、华纳、Hulu、万事达等诸多顶级公司的前高层。这些海外人才的加入，一方面给字节跳动和 TikTok 带来了国际化管理的经验、资源和人脉，另一方面也有助于缓解国际化过程中遇到的本土国家的审查压力，他们为字节跳动和 TikTok 的国际化奠定了重要的人才基础。

三是推进自身成熟产品的全球化。字节跳动的国际化运营策略是“全球化产品+本地化内容”，这个运营思路一方面给平台带来了大量的具有本土文化特色的内容和来自世界不同文化背景的用户；另一方面又鼓励了这些用户在这个国际化的平台上相互交流和融合，让这些特色内容在更大范围内传播。通过这两个层面的运营，TikTok 平台才会拥有大量的国际化内容，也才能真正成为一款供国际用户交流分享的国际公共平台。TikTok 的国际化运营策略可以总结为：吸引本地明星入驻，培育平台新网红；重视本地文化符号，引导特色内容生产；抓住世界热点，引领时尚潮流；鼓励用户互动，促进世界文化交流。

2. 跨越式品牌国际化路径——以“联想”为例

联想的品牌国际化路径选用的即为跨越式品牌国际化路径。联想作为国内 PC（个人计算机）产品的龙头企业，在国内市场发展迅速，逐渐成为中国最大的电脑制造商，为了寻找新的市场，获取更多的资源，联想开启了自己的品牌国际化之路。联想的品牌国际化之路可概括为以下三点。

一是收购 IBM 的个人电脑事业部，组建世界第三大 PC 厂商。联想对于销售策略有着成熟和独到的见解，在销售的方式上有很深的认识，然而，海外的

PC 市场竞争对手非常强大，联想作为 PC 产品制造商，还没有积累足够的技术资本。为了更好地发挥自身优势，联想在多轮磋商后，与 IBM 在 2004 年达成收购协议，联想获得 IBM 在全球的 PC 业务。联想在国内市场已经获得一定的成功，对品牌的运营具有丰富的经验，但它很清楚自身的核心优势以及短板，在海外还毫无名气。IBM 作为国际市场知名的 PC 品牌，拥有完备的市场渠道和庞大的消费者群体，是一块很好的跳板。所以，通过收购 IBM，整合品牌资源、供应链资源和渠道资源等，联想很快实现了品牌的国际化。在收购 IBM 之后，由于具备本土市场的品牌经营经验和 IBM 广泛的全球销售网络，联想在海外市场实现了稳定发展，产品进入了越来越多的国家，品牌竞争力显著提升。之后，联想继续整合品牌资源，专注于品牌的运营，通过明确自己的品牌目标和战略定位，成为国际化的 PC 品牌，真正与全球市场融合。

二是使用“双品牌战略”，借助 IBM 的影响力快速提升品牌国际知名度。联想在中国的品牌知名度已经达到了一个高峰，并试图通过“双品牌战略”让企业的品牌成为国际品牌。联想的品牌战略定位是为客户提供超值的产品，然后配以卓越的服务。在对 IBM 进行并购时，在品牌战略的推广上，联想使用了“双品牌战略”。联想“Lenovo”在国外知名度比较低，但 IBM 的“THINK Pad”在国外是非常知名的产品。因此，联想通过“Lenovo”提升知名度，通过“THINK Pad”打开国际市场，提高美誉度，然后开始淡化 IBM 商标，在全球打响“Lenovo”品牌是联想的最终目标。

三是转变营销思路，进军高端市场。联想为了实现从中国品牌向国际品牌的跨越，先选择成为奥运会的赞助商。因为成为奥委会的合作伙伴，特别是奥运会的顶级赞助商，可以在备受全球关注的奥运会上通过各种方式、在多种场合实现品牌推广。国际奥委会顶级赞助商的全球合作伙伴共 11 家，联想成为跻身其中的第一家中国企业。都灵冬奥会上，联想小试锋芒，迈出品牌国际化的重要一步，策划了一系列品牌推广活动，一方面是产品的推广，另一方面是整体上的品牌营销。通过赞助冬奥会，联想全方位地展示了自己的实力，进而得到更多的认可。另外，联想通过国际运动明星代言以及同著名赛事合作开拓世界市场。2006 年世界杯，联想签约巴西球星小罗（罗纳尔迪尼奥）作为新产品代言人。同年，联想与 NBA 签署了一项为期数年的全球营销合作协议，双方将在中美两国的市场营销方面进行合作，联想将有权在自己的产品上使用 NBA 的 Logo、球星形象，还可借助 NBA 明星来华、NBA 中国赛等活动来进行营销。

3. 平行式品牌国际化路径——以“小米”为例

北京智能手机市场企业众多，也有许多品牌开拓了海外市场，然而，真正广受好评的智能手机品牌却不多。小米成立于 2010 年 4 月，是一家专注于智能产品自主研发的移动互联网公司，“为发烧而生”是小米的产品理念。2015 年 5 月 13 日，小米第一次通过“小米之家”在线下销售手机，借此试水高端手机市场，也意味着小米在中国开始了与苹果、三星的市场竞争。纵观小米的品牌国际化过程，平行式路径最为契合。

一是统筹国内外两大市场，做到品牌无国界差异。小米从诞生之初就明确了品牌国际化战略，同时开拓国内和国外市场。在亚洲，小米率先打入了马来西亚、菲律宾、印度、印尼、泰国、越南等市场；在欧洲，小米积极进军俄罗斯与土耳其的智能手机市场；在美洲，小米将巴西和墨西哥作为美洲市场的突破点。小米品牌在极短的时间内将产品销往国内外的各个智能手机市场，这种无差别的品牌国际化路径使小米同时拥有国内外众多消费市场资源。

二是兼顾高端、中端、低端市场，做到产品受众无死角。小米在品牌国际化的过程中，强调产品，聚焦生产。小米着重打磨产品，提升客户体验，用产品的精细打动消费者，并坚持产品的全球市场标准化。由于面对全球消费者，小米注重线上渠道，通过电商来节约渠道成本，这样也能更好地与消费者进行沟通。小米品牌国际化的成功，来源于它精准的定位，对于高端市场，小米主打产品的高质量与“黑科技”，如小米的“数字系列”与“混合系列（MIX）”智能手机，配置高，“黑科技”含量足，满足了全球范围内一大批对电子产品具有极致追求消费者的需要；对于中低端市场，小米则主打“性价比”，如“红米系列”“SE 系列”以及“青春系列”智能手机，配置均衡、价格适中，满足了经济欠发达地区消费者对拥有智能手机的刚性需求。通过抓住高端、中端、低端三个层次的消费者，小米得以将品牌扩展到世界市场的各个角落。

三是投资生态系统公司，确保产品供应无空缺。与中国其他科技公司相比，小米拥有更全面的商业模式。小米不依赖于互联网、硬件或电子商务等单个元素，而是依赖于所有这些元素的总和。小米积极投资生态系统公司，将生产链拓展到各种消费物联网和生活方式产品。小米拥有超过 1600 个 SKU（库存单位），其中包括电动滑板车、笔记本电脑、电视机、电饭煲、路由器、无人驾驶飞机等。所有这些产品为小米提供了一系列的选择，如此小米才能在整个行业中建立独特的优势。

6.3 北京科技企业品牌国际化成长路径创新研究

前文中我们从不同的角度总结了北京企业品牌国际化的不同路径选择，这些不同的发展路径贯穿了过去很长一段时间，具有很强的时代属性，许多企业在漫长的发展过程中通过合理选择国际化路径，获得品牌国际化战略的成功。然而，随着时间推移，市场环境以及经济、政治、文化等都发生了改变，并对企业的品牌国际化产生一定影响。从前文我们可以发现，历史上企业对品牌国际化路径的选择都是具有时代特性的。

我国科技型企业以科技为导向，创新技术是此类企业面对竞争的有力王牌，因科技型企业一般建立在最新科学技术之上，所以基本不受传统技术水平发展的限制。高技术产品所具有的技术优势和技术专利，使科技型企业具有更高的成长性，因此面对复杂的机遇与挑战时，若照搬我国传统企业的渐进式、跨越式与平行式品牌国际化路径，可能不利于科技型企业战略性计划的实施。时代背景已发生改变，当代新兴企业要想实现品牌国际化，直接照搬过去企业的成功模式是不可取的，当时的历史条件已经不复存在，因此科技型企业必须认真考虑当前的时代背景，分析内外部环境，重新规划品牌国际化之路。

6.3.1 新时代下科技企业品牌国际化面临的困境

1. 经济环境不确定

国内外经济环境的不确定对我国造成了较大冲击，给科技型企业品牌国际化发展带来更为严峻的考验。

一是科技型企业面临着营收业绩下滑的挑战。如今的科技型企业面临着营收业绩下滑、工人无法及时到岗复工、市场订单减少或取消等严重问题。在这样的背景下，现金流吃紧，纾困、救急的贷款需求增加。企业停工停产，营业收入大幅减少或基本无收入，但日常的员工工资、企业租金、管理费用等仍然需要支付，收支出现大幅失衡，企业面临经营困境，迫切需要融资来解决资金链紧张问题，维持企业运转，恢复生产。且在经济环境不确定性持续加剧情况下，现金流紧张程度加大、融资难度加大、新产品研发上市进度滞后、原有订单违约等逐渐成为科技型企业亟须解决的问题。

二是科技型企业面临新产品开发困难的创新壁垒。开展科技创新活动、提升企业自主创新能力是科技型企业长足发展的源动力。经济环境不确定致使市场经济活动和社会经济活动双双进入“休克期”，市场和社会需求与供给量严重萎缩，加上人员、物流、交通等因素影响，供需关系进入恶性循环，供应链的稳定性面临挑战，或将出现断裂风险。新产品开发的市场需求下降或不确定性增大是影响现阶段企业创新活动的主要因素，减少研发投入、企业产学研合作或其他外部合作受阻制约了科技型企业的品牌发展。

三是产品支持供给不足。科技型企业研发过程中存在研发技术难度大、知识产权保护难、缺乏科技机构合作支撑、科技创新载体服务能力不足、国际技术交流或合作受影响、吸引国际人才受影响等难题。当然，除上述困境之外，部分企业还反映存在产学研合作机会少、研发项目投入大及研发资金紧张等困难。且当前科技型企业面临全球性的供给冲击。在全球价值链分工的背景下，经济环境的不确定会对全球产业链供应链造成破坏，从而形成全球性的供给冲击。虽然我国复工率不断提升，但供应链并未全面恢复，中国供给冲击与其他国家供给冲击开始产生交互性的负面影响。全球供应链和产业链出现的全局性中断进一步形成对全球经济的供给冲击。

四是品牌推广用人贵、融资难。科技型企业的经营情况关系着企业品牌国际化的发展。大多数科技型企业在经营方面困境重重，存在招人难、用人贵、发展场所受到限制、融资难融资贵、原材料等成本上升快、对美国产品或服务进出口受影响和其他方面的难题。除此之外，还有部分企业反映存在业务无法正常开展、订单流失、现金流紧张等困难。在这样恶劣的环境中，企业短期内的偿债能力下降，基本面恶化。在停工停产后，大部分有贷款的中小微企业，资金链出现较大缺口，在还贷款上存在较大困难，还款来源得不到保障，营业收入减少、资产负债率攀升、应收账款账期被迫拉长或出现坏账等系列指标的恶化都直接导致企业再融资能力下降。

2. 科技型企业自身竞争力不足

一是资金链控制困难。现阶段我国科技型企业具有投入高、产出周期长、资金回收慢等特点，流动资金需求量大，极易出现资金断流、难以周转的情况。科技型企业的成长与衰败都是短时间发生的，推出新的高科技产品能使企业迅速成长与扩张，但若长期没有成果，就只能不断消耗原始资本，企业面临破产的风险。

二是上下游支配度高。由于科技型企业专注研究的领域较集中，其位置通常是在产业链。产业链的任何一个环节供给出现问题，都会影响到企业发展，如当上游供应商切断供给时，企业研发受到影响：下游目标市场需求有限时，研发成果无法转化为利润。2015 年美国商务部决定禁止向我国 4 家国家超级计算中心出售英特尔微处理器，尽管未影响我国的发展，但这一手段无疑是一大潜在威胁。受当下社会大环境、国内外市场环境等因素的影响，处于中间产业链位置的科技型企业，必须面对诸多不确定因素。

尽管科技型企业受到了国家政策的扶持，市场呈现良好的发展新景象，但在高质量发展中仍受到资金、供应等诸多因素的掣肘，因此依靠科技型企业自身实现竞争优势最大化仍具有一定难度。

3. 国际贸易新形势带来的隐患

2018 年以来，伴随着全球经济增长减缓，全球需求持续减弱，贸易摩擦频发，贸易保护主义愈演愈烈，国际贸易形势趋紧，我国企业向外拓展的发展压力增大。近年来中国经济的强势发展，无形中给发达国家造成压力，因此经济优势明显的部分发达国家为防止其经济地位下滑，采用各种方法直接或间接地拒绝和中国合作，使我国经济发展进一步受限。

当下必须深刻认识到中国“世界工厂”地位的韧性与“卡脖子”短板并存的危与机、新形势下中国贸易结构演进中的喜与忧，以及中国外贸转型发展中的进与退。与历史上不同时期英国、美国和日本等国成为“世界工厂”时有所不同的是，英国借助工业革命和自由贸易，美国和日本借助技术革命，而中国则是把握住了发达国家对部分产业进行结构调整并将产业转移到发展中国家的时机，依托廉价的要素所带来的比较优势及广阔的国内市场等特殊优势积极参与国际分工，并成为产品内分工作为国际分工主流形态下的“世界工厂”。中国作为“世界工厂”，尽管产业门类齐全、规模庞大，但总体上仍处于全球产业价值链分工的底端，面对越来越多的贸易壁垒、产品附加值低和产业核心环节“卡脖子”等风险，中国陷入了“被主导成熟产业的、低工资的穷国竞争者和主导技术迅速变化产业的、追求创新的富国挤压在了中间”的窘境。如果继续沿着现有产业的国际分工实现资源配置，会使中国成为发达国家跨国公司主导下的“新兴市场”。中国企业的产业链、价值链、供应链和要素集聚能力需要进一步提升其价值创造能力和全球生产网络的资源整合配置能力，在技术创新、标准制订、营销网络和资源整合能力等方面实现突破，以增强中国企业参与国际分工的主导性。

科技直接影响国家话语权，科技型企业受到的打压也最为严重，因此科技型企业的品牌国际化之路困难重重。

4. 全球市场一体化加速产业分工

随着全球经济的发展，经济全球化的步伐进一步加快，国际化是社会历史发展的必然趋势。世界经济全球化进程加速，对世界各国的发展和整个国际经济政治格局正在产生巨大的影响。一个世界性的社会化大生产网络正在形成，传统的以自然资源、产品为基础的分工格局已被打破，跨国公司在世界经济活动中的作用日益明显。全球化的趋势要求中国的民族品牌必须走国际化的道路。这种趋势不可逆转，也无可回避。全球经济一体化促进了产业分工，世界市场形成了一条完备的产业供应链，身在其中的企业能够充分利用分工红利，配置全球资源，降低成本，扩大收益。融入世界市场的企业，能够通过品牌国际化扩大影响力；无法融入世界市场的企业，则无法与前者抗衡。企业要想提升核心竞争力，就要顺应趋势，成为全球供应链的一部分。与此同时，加入全球产业分工也要求企业具备自己的核心优势，对于科技型企业来说，掌握自己的核心技术是必要的。企业核心竞争力以企业的技术创新能力为核心。通过企业战略决策、生产制造、市场营销、组织管理的整合，企业可以获得持续竞争优势。如果说企业在市场上的竞争短期内主要为产品价格与性能的竞争，那么从长期来看则是核心竞争力的较量。作为产业链的一部分，企业只有具备足够强大的核心竞争力，才能够保证自己在产业链中的位置，否则将很容易被市场淘汰出局；同时，核心优势强的企业很容易取代核心优势不足的企业。科技型企业要想通过品牌国际化进入全球市场，一定要关注自身的技术创新能力。

5. 市场寡头掌握并垄断市场份额

在市场中，体量较大的企业占有较多市场利益，拥有较多可调配的资源，能够持续提升企业竞争力，这种优势可以不断积累，从而使企业越来越容易在市场中获取利润，并最终成为市场中的寡头。科技行业更加如此，拥有较多资源的企业可以在科研中加大投入，从而掌握更多的核心技术，提升企业竞争力。尽管其他企业通过合理的品牌运营，依然可以在市场中占得一席之地，在市场中存活下来，但是终究不是长久之计。应对行业内巨头的方式之一，就是进入垂直领域，选择细分市场，通过精准定位，实现品牌差异化，避免行业内的寡头威胁和市场竞争。企业可以通过差异化战略，利用客户对品牌的忠诚以及由此产生的对价格的敏感性下降使公司得以避开竞争。客户的忠诚以及某一竞争对手要战胜这种“独特性”需付出的努力就构成了进入壁垒。采取差异化战略而赢得顾客忠诚的企业，在面对替代品威胁时，其所处地位比其他竞争对手也更为有利。

6.3.2 北京科技企业品牌国际化成长路径创新研究

1. 互联网品牌成长路径

（1）进入路径分析

国际主流市场如美国、日本和欧洲市场已然是“互联网+”背景市场，其他国际市场或已然是，或将成为“互联网+”背景市场，品牌国际竞争依靠数据技术与数据资源已是大势所趋。互联网品牌成长路径进入市场难度低，门槛不高，在品牌国际化初期成本低、风险小、成功率高，有利于增加中小型科技企业品牌国际化信心，因此互联网品牌成长路径较适合中小型科技企业。知名度不高的企业，在选择从不发达国家市场到发达国家市场的渐进式品牌国际化路径后，通过使用互联网品牌成长路径，能使企业在相对轻松的市场环境中逐步获得品牌国际化的相关经验，为后期进军发达国家市场奠定基础，推动企业品牌进一步向发达国家市场发展。在新媒体技术不断发展的前提下，企业要结合自身的发展状况不断创新经营理念，以提高企业产品的文化内涵，从而树立良好品牌形象，提高企业品牌效益。互联网品牌成长路径要求企业总结在国内市场的线上销售经验，关注与中国市场接近的新兴发展中国家市场，关注海外市场的电商发展程度，选择进入那些线上销售还未成熟的市场，并积极寻求与当地经销商和电商平台合作。在市场中建立良好品牌形象后，可选择逐渐以原有品牌进驻当地市场，企业在这些同类市场中继续发展，获得足够的品牌影响力之后，再继续利用互联网平台，推动品牌进入欧美发达国家和地区市场。

（2）发展路径分析

“互联网+”背景对企业品牌国际化具有战略性意义，科技型企业品牌国际化在战略思路上应做适应性调整。“互联网+”背景下企业品牌国际化的多品牌战略思路主张企业在品牌国际化过程中主动适应“互联网+”背景，大力发展与应用数据技术，充分把握国际消费市场多层次、消费需求多样化的趋势，以多品牌的不同调性与定位满足国际市场多层次、多样化、个性化需求，从而实现对市场的宽覆盖，提升品牌国际竞争力。在“互联网+”背景下，由于移动互联网的应用，消费者使用互联网的便利性大大提高，全球跨文化的消费者通过移动互联网参与到企业品牌经营的可能性大大增加，企业品牌国际化经营更易于直接对接全球跨文化的个体消费者，企业面对的国际市场往往为消费多层次、需求多样化的市场。显然，企业通过单一品牌占领多层次、多样化的国际市场难度很大。因此，“互联网+”背景下，企业品牌国际化走多品牌的战略思路具有合理性。企业品牌国际化的多品牌战略思路通常包括三条具体路径：第一，针对国际市场的新情况，开发新的品牌。第二，根据国际品牌竞争的需要，从国际市场收购国际知名品牌。第三，延展与升级主品牌，开发附属品牌，应用于国际市场。根据品牌生态环境理论，企业品牌国际化中的多品牌需要形成品牌族群关系，以利用品牌之间的互补性实现对多层次、多样化国际市场的广泛覆盖。

"互联网+"背景下，企业品牌国际化的战略系统整合思路主张在企业品牌国际化过程中主动适应"互联网+"背景，大力发展与应用数据技术，加强品牌国际化战略系统中广告、营销渠道、品牌产品、产品价格等元素间的配合，实现品牌国际化战略系统整体运作顺畅，从而提升品牌国际竞争力。在"互联网+"背景下，由于数据技术的应用，企业品牌国际化经营中的数据交换具有即时性，品牌国际化经营中的数据处理也更具科学性，企业内部跨边界协同能力随之增强，这为企业品牌国际化战略系统整合创造了条件。因此，"互联网+"背景下，企业品牌国际化采取"战略系统整合"的思路具有合理性。企业品牌国际化的战略系统整合是一个自组织协同过程，自组织协同过程中有诸多协同机制在发挥作用，包括从部分到整体的上行因果关系中蕴含的合力聚合机制、匹配配合机制、共用共享机制、相互作用机制与结构优化机制，以及从整体到部分的控制机制、协调机制与选择机制。因此，"互联网+"背景下企业品牌国际化的战略系统整合思路要求企业在品牌国际化中积极应用数据技术，切实发挥各种协同机制的作用，实现品牌国际化战略系统的整合与品牌国际竞争力的提升。

2. 自创品牌成长路径

（1）进入路径分析

自创品牌成长路径的重点在于以技术为核心，注重品牌运营，提升企业的销售能力，同时保证技术优势能够帮助企业塑造品牌形象并将其内涵传达给消费者。针对传统市场的技术优势型企业，采取自创品牌成长的路径建议从发达国家消费者入手，在一个或几个发达国家市场自创品牌，利用产品优势积累消费者，逐渐打开发达国家市场，树立高端品牌形象。这一过程具体分为三个阶段：第一，在"走出去"阶段，需要强大的市场洞察力和产品研发能力，让其能借助利基市场撬开发达国家市场的门，并得以成长。第二，在“走进去”阶段，有效利用海外并购以获取资源，并在本土化策略实施中使资源升值。第三，在“走上去”阶段，要形成覆盖全球的研发基地，在顾客心中牢牢树立提供高品质服务和产品的品牌形象，形成独特而强大的市场竞争力。

（2）发展路径分析

企业采用自创品牌成长路径必须考虑到的市场环境是，中国科技企业的外部环境正在发生改变，随着越来越多的科技品牌在海外获得成功，中国制造的传统形象正在慢慢改变，中国制造行业的整体国际地位在不断提高，为自创品牌提供了生长土壤。与此同时，从行业内部来看，中国科技企业的技术创新能力已经达到较高水平，许多创新型科技企业应运而生，技术实力的提升以及对全球高精尖人才资源的利用，再加上过去科技企业品牌国际化的成功经验，能够助力自创品牌成长路径的成功实施。相反，由于市场瞬息万变，对于掌握核心技术的企业来说，传统的一步一个脚印的方法显得过于拖沓，无法跟上科技行业发展的快节奏，而且容易在品牌国际化伊始树立一个较低端的品牌形象。

自创品牌需要企业不断创新，不断推出新产品，因此企业必须具备高水平的产品开发与技术创新能力。对于传统企业而言，其主要的竞争力体现在制造活动上，即以较低的价格和较高的运作效率，为客户提供低成本的外包服务。对于自创品牌企业而言，其不仅要具备低成本、高效率的生产组装能力，而且要具备产品的研发设计能力。企业的技术性资本越丰富，其在为国际品牌客户代工的过程中越有竞争力。产品是品牌的物质载体，产品的特色也是体现品牌特色的一个重要方面。企业要创出特色品牌，必须先使自己的产品具有特色。产品开发与技术创新能力和市场的需求还有较大的差距。因此，这就要求科技型企业必须加快新产品的设计和开发，加大对科学技术的投入，运用高科技和信息自动化技术，创造出有特色的产品和品牌，增强现阶段企业的竞争力。

另外，品牌竞争，决胜在市场，企业自创品牌需重新建设一个完整的营销系统，在产品质量、品种、价格和服务等方面与竞争者日趋一致的情况下，有效的市场营销整合是品牌竞争取胜的关键。营销系统包括六大竞争要素，即产品、价格、品牌、销售渠道、营销队伍和服务。企业要根据自己的产品定位、各项竞争要素所达到的水平，以及资源的拥有情况决定如何开展推广工作。营销推广一方面可以向消费者传达企业的综合信息，另一方面可以获得有关消费者需求和市场变化的最新情况，从而始终处在市场的最前沿。如果不开展这项工作，企业就可能永远不了解客户，在市场竞争中永远落后于其他品牌。

传统市场中成功案例数量繁多，品牌国际化有成熟的经验可供参考，且发达国家市场中消费者品牌认知经验丰富，针对这类消费者，优质的产品更容易满足他们的诉求，同时能够打造良好的品牌形象。在品牌成熟以后，再逐渐将品牌推广到其他发达国家市场并向下兼容不发达国家市场。在品牌国际化的过程中，企业需要注意产品的标准化问题，在初期市场开拓阶段，企业可以在不同市场实施本土化战略，在后期企业应当逐渐实施广泛的品牌国际化战略，在全球市场销售标准化的统一产品，贯彻企业的品牌国际化战略。同时，企业应当注意自创品牌与原有品牌的整合，当自创品牌成熟以后，企业应当整合品牌资源，选择合适的品牌组合，将国内市场和国外市场进行整合，最终实现品牌的完全国际化。

3. 全球化品牌成长路径

（1）进入路径分析

全球化品牌成长路径适用于新兴市场的技术优势型企业，随着新技术的出现和新产品的开发，越来越多的新兴市场成为当前市场中的热门，许多企业掌握新产品的核心技术，并希望通过品牌国际化开拓新兴市场。企业要想实施全球化品牌成长路径，要立足全球，进行全球统一的产品营销和品牌管理，不区分市场进入的先后顺序，直接面对全世界各个市场中的消费者。平行式进入路径的优点主要在于灵活，新兴市场中的企业通常面临更小的竞争，尽管市场容量还不够大，但是市场参与者数量也很少，市场潜力巨大，这意味着企业要注重识别目标消费者，不断发掘市场潜力，提升品牌认知度，在扩大市场的同时扩大自身在市场中的顾客基础。企业先进入中等发达国家市场，再根据自身发展及行业变化决定品牌国际化的下一步方向。通过在中等发达国家市场的品牌国际化运营，企业积累了资金，丰富了品牌国际化经验，为后续拓展其他市场奠定了基础。该路径的利弊相对均衡，选择中等发达国家市场作为起点，既规避了发达国家市场的高风险，又比在不发达国家市场发展要容易，同时收益也介于两者之间，适合具有一定规模和实力及国际化经验，但相对有限的企业。

（2）发展路径分析

新兴市场中的科技型企业通常在领域内具有独特的技术优势，能够开拓出新市场的新产品，背后必然有着强大的技术支撑。因此全球化品牌成长路径的重点在于守住企业的绝对技术优势，品牌要坚持自主创新，保持产品的独特性。同时，尽快将产品推向新市场中的消费者，利用品牌国际化快速占领市场，实现市场的绝对领先。

市场是企业生存的环境，企业的生存和发展离不开市场，占领市场、获取利润是企业奋斗的目标。在竞争激烈的市场环境中，占据市场并非易事，这要求企业必须实现自身优势与市场的对接，从而满足市场的需求。国际市场是包括东道国企业和全球跨国公司等众多企业在内的竞争场所。这些企业相对“天生全球化”企业而言，在市场竞争中更具有优势，在国际市场竞争中往往占据着市场的主导地位，留给“天生全球化”企业的往往是一些剩下的缝隙市场，即所谓的利基市场。“天生全球化”企业要在竞争激烈的国际市场环境中求发展，就自然要将自身的优势与缝隙市场对接。

另外，企业要对品牌进行精准定位。企业品牌定位精准，就能够更快地被消费者注意到，从而找到产品的目标消费者，这一新兴市场的市场潜力也就能够更快地得到开发。作为全球化的品牌，企业需要拥有国际化的产品、国际化的人才团队、国际化的营销手段等。因此，企业要关注全球不同市场中目标消费者的共性，并将其与产品设计和品牌营销相结合。在全球化品牌成长路径中，企业一定要充分利用互联网营销，及时了解客户需求，传达品牌理念，全球化品牌成长路径成功的要点在于培养好与全世界消费者之间的关系。只有树立全球视野，抓住新的机遇、迎接新的挑战，回答好为什么全球化和如何全球化这两大关键问题，并从公司治理、人力资源管理、跨文化管理、打造全球品牌和改善非业务风险的评估等方面不断修炼并增强国际化能力，才能不断缩小与世界级跨国公司之间的差距，打造一批真正大而强的全球性企业。

4. 市场渗透品牌成长路径

（1）进入路径分析

除依托新技术产生的新兴市场外，还有依托于传统技术开发出的衍生科技市场，这一部分市场中的企业相对不太依赖核心技术，通过在产业链中的高效运作，就能获得销售上的成功，有效开拓部分市场。为了扩大品牌优势，企业通常选择市场渗透品牌成长路径，通过对现有产品的小改进，从现有市场上赢得更多的顾客，从而促进企业的发展，实现品牌国际化。尽管市场参与者不多，但这类企业品牌国际化势必遭遇激烈竞争，进入海外市场会受到本土品牌的打压，同时，行业内具备技术优势的企业也会通过技术压制来占有市场份额。渐进式进入方式是较好选择，不发达市场的进入难度低、风险低，且前期投入小，因此此种企业适合以不发达市场为跳板，在有足够影响力后再逐步向发达国家市场扩张。

（2）发展路径分析

企业在市场渗透的过程中，可以通过跨境电商选择与原有市场特性符合的新兴市场进行销售，企业应当与当地经销商或知名品牌进行合作，通过产品销售提升市场占有率，再逐渐使品牌进驻当地市场，通过本土化的销售策略巩固本土市场。在海外市场发展成熟以后，企业应当寻求整合全球市场，进行统一的品牌建设，最终实现整个市场的统一，将世界市场作为一个整体发掘新兴市场的潜在消费者。需要注意的是，企业的市场选择除了关注市场特点的相似性，也要关注人才技术资源的可利用性。企业在各市场实施本土化战略的过程中，要学习当地品牌经营的成功经验，合理利用知识资源，提升企业创新能力，在塑造亲民的品牌形象的同时，注重提升产品品质，从而打造优质的品牌形象，实现品牌国际化。

5. 战略联盟品牌成长路径

（1）进入路径分析

各类企业在资源和能力方面存在“先天劣势”，因此会积极寻求外部合作伙伴，在资源和知识的交换、组织承诺及共同开发等方面建立联盟。当代科技飞速发展，在面对稍纵即逝的机会窗口时，科技型企业应充分借助外部力量向外推广品牌，合作伙伴双方以共同创造新价值为重要的战略目标。构建并利用战略联盟获取资源以创造价值，是实现品牌国际化的重要手段。

而更为重要的是，战略联盟策略既可以与发达市场的技术联盟，又可通过与不发达市场企业的营销手段与市场资源联盟，进而实现品牌国际化，因此战略联盟策略在不同进入路径中的适配性较高。

战略联盟运行机制是联盟实现目标的基础。利用价值链对企业自身进行优势分析时，需要考虑输入物流、生产作业、输出物流、市场营销与销售和服务五部分。科技型企业是以技术专利为核心优势的企业，意味着其拥有强大的产品能力，但不擅长推广，因此可将销售与服务等业务分流，将营销传播、渠道搭建及顾客获取等关键职能活动与有明显竞争优势的企业合作，消除机会主义、降低成本，提高合作效率，加速成员间的知识获取、信息分享和传递，进而有助于企业趋利避害，提升竞争力，将品牌打入国际市场。

从联盟的整合机制而言，企业如果拥有高附加值、稀缺的、不可模仿和不可替代的资源，就有获得持续竞争的优势以及实现品牌国际化的潜力。科技型企业通过联盟与其他企业共享资源，能够优势互补，达到各自独自经营时所不能完成的目标，实现品牌国际化和利益最大化。

（2）发展路径分析

在建立跨国技术战略联盟合作关系时，企业要对自身和合作伙伴的战略需求有充分的了解，然后在彼此信任的基础上谈判，根据合作双方或多方各自的实际情况来选择合适的合作方式，建立完善的合作机制。相应的激励措施和奖惩机制也应建立，保证企业利益与联盟利益的一致性，有效地提高联盟的稳定性，以保障战略联盟目标的实现。另外，对企业的技术资源也需要进行专利保护，防止合作伙伴以不正当手段获取利益。对于不适合申请专利的技术，可以降低合作的透明度，或在合作协议中添加相应的使用限制条款。

在合作过程中，了解合作企业之间的文化差距，在信任的基础上进行磨合，充分沟通，激发企业的创造力，减少文化差距带来的冲突。在联盟的合作过程中，通过“干中学”“学中用”，相互学习技术知识，学习合作伙伴的管理经验、流程制度、运营方法等。建立跨国技术战略联盟是手段，最终目的是提高自己的竞争实力，并成为国际品牌，尤其是在技术研发方面，要真正以创新为理念，在模仿学习的基础上重视自主创新，形成自己的独特优势，这样才能在激烈的国际市场竞争中取得成功。

6.4 本章小结

本章主要介绍了北京非上市公司品牌国际化发展现状及创新研究，主要内容分为概述、路径分析和创新研究三个部分。概述包括北京非上市公司的基本情况介绍、影响因素分析、阶段性特征三个方面，其中影响因素分析从国际化动因、核心优势和市场环境三个方面展开，阶段性特征分别从准备、进入、成功和飞跃四个阶段进行介绍。路径分析与北京上市公司分析相对应，也分为进入路径和成长路径，进入路径有跨越式、渐进式和平行式，成长路径和案例研究以此为基础进行分析和论述。创新研究从面临的困境和成长路径创新进行分析，面临的困境有经济环境不确定、科技型企业自身竞争力不足等，成长路径创新主要从互联网品牌成长路径、自创品牌成长路径、全球化品牌成长路径、市场渗透品牌成长路径和战略联盟品牌成长路径进行分析。

第 7 章　北京企业品牌国际化发展对策与建议

7.1　企业层面对策建议

根据前文的论述，下面从企业层面为北京企业品牌国际化发展提出几点对策建议。

（1）规划企业品牌发展战略，建立国际化组织管理模式

企业不能仅仅关注眼前的经营利益，还要关注企业未来的发展战略，通过塑造并发展核心特长来保证企业的长远发展。在资讯飞速传播的今天，企业的产品、技术和管理方式都是非常容易被对手企业模仿的。但这些容易被模仿的都只是企业核心特长的外在表现，而真正的核心特长很难被模仿。具体而言，品牌是消费者对企业及其产品的一种认知与感受。企业的品牌形象一旦在消费者心中建立，不仅有极高的商业价值，而且是其他竞争对手无法模仿的，这就形成了核心差异。因此，众多世界一流企业都把加强品牌建设作为品牌经营战略。北京企业要想成为世界一流的企业，不仅要有世界一流的服务与产品，还要有世界一流的品牌。

品牌是企业竞争力的象征。北京企业要赢得新的竞争优势，必须实现从价值链低端到价值链高端的转变。不仅如此，加强品牌建设是提高北京企业国际化经营水平的前提条件，也是北京企业实施“走出去”战略的重要手段。世界一流的企业都善于利用其品牌影响力，在全球范围内采购和生产，并引领国际标准制定，从而赢得更多发展机会。目前，北京大部分企业在国际分工体系中仍处于价值链的中低端，缺乏国际话语权，其全球资源配置能力和

国际市场开拓能力有待提升。

合理规划企业品牌发展战略，是北京企业实现国际化发展中的重中之重。品牌的战略规划从根本上决定了北京企业品牌国际化发展的方向，而企业的组织管理体制则从根本上决定了企业国际化的结果。只有在保持现有业务的同时积极谋划企业的未来，才能使企业成长为具有竞争优势的国际化企业。部分北京企业长期以来品牌意识不足，在品牌战略上存在短视的问题，没有重视企业品牌的发展战略，导致企业品牌定位与核心能力脱节，品牌价值成长缓慢，这些情况最终导致了企业难以成长为基业长青的国际性企业。

北京企业应采取国际化组织管理模式，管理层应该着眼于未来，将企业的品牌建设纳入企业的发展战略中。北京企业目前的管理规范与组织架构都是在我国经济发展的背景下形成的，不可避免地受中国商业文化的影响，北京企业在创建国际知名品牌的过程中，在适应不同文化与市场的运作要求时会遇到困难。事实上，跨国经营是一个动态的过程。随着全球经济一体化的发展，跨国公司的管理者不断探索新的管理机制。在这个过程中所形成的对新的跨国经营模式的研究，对于起步较晚的中国企业具有重要意义。美国等先发国家的跨国公司改革为我们的研究提供了案例，对这些案例的研究为中国企业的跨国经营提供了宝贵的经验。北京企业可以借鉴先发国家企业的国际化管理实践经验，注重管理维度的多元化，构建网络化管理组织，整合跨国经营过程，重新界定管理者的角色和行为模式，从高起点规划国际化的管理模式。

北京企业应积极学习西方现代管理手段和方法，努力形成适合自己的、一体化的新型企业管理模式。北京企业实施品牌建设时，应坚持统筹规划，实现研发、生产、销售、售后等环节的相互配合。结合北京企业的实际情况，抓好质量、诚信管理等关键环节，找准品牌建设的突破口和着力点。面对品牌建设的长远工程，北京企业要制定中长期品牌战略规划，扎实做好各个环节，从而为北京企业品牌进入现代国际市场打下坚实的基础。

（2）建立完善的质量管理体系，打造全球认同的商业价值观

目前，北京企业面临着内部信任问题和外部经济环境不确定的“内忧外

患”。因此，必须做出改变：以严格的质量管理体系打造产品，以精益求精的产品与高质量的服务为品牌夯实基础。中国是世界上最大的制造业国家。然而总体来看，中国制造业实则还是大而不强，因此，实现中国制造业转型升级刻不容缓。随着中国制造的各种产品畅销全世界，低端、廉价等刻板印象也随之而来。这些刻板印象成为北京企业品牌国际化的巨大阻力。北京企业要顺利实现品牌国际化，就要秉持质量就是生命的信念，精益求精打造产品。

建立完善的质量管理体系。事实上，质量管理由一系列质量管理活动组成。如果北京企业不进行系统化管理，各个部门相互独立，就会导致整体效率低下。如果没有质量管理体系，北京企业即便能生产出合格的产品，也无法持续稳定地提供合格的产品。如果北京企业不进行系统化管理，会导致废品率高、返工返修工作量大等诸多问题，进而导致企业生产及运营成本增加，从而降低企业利润，恶化企业的品牌声誉，进一步导致北京企业品牌国际化的难度加大。因此，为了生产出符合要求的产品，提供满意的服务，实现企业品牌国际化，北京企业必须建立和完善质量体系。

打造全球认同的商业价值观。中国企业在国际化时举步维艰，不仅在于其产品质量相对较低，还在于其产品没有企业品牌的附加值。中国企业的商业价值观还没有在全球范围内得到认同。北京企业要想打造百年品牌并实现国际化，就必须接受并坚持那些普适的商业价值观，如诚实、公平和合作。回顾以往的案例不难发现，中国品牌之所以难以走向全球，就是因为没有提升品牌附加值的商业价值观。相对而言，美国之所以能成为世界上最大的品牌国，是因为其品牌所倡导的价值观得到了认可。美国品牌的商业价值观不仅成了全世界顶礼膜拜的管理圣经，也成了吸引全球消费者的法宝。相对而言，中国虽然早已成为全球第二大经济体，但能够成功“走出去”的企业品牌寥寥无几。大量公司在出口产品时深陷反倾销危机，在实施跨境收购时遇到重重阻碍。整体上来看，中国品牌的全球生存能力需要提高。即使产品质量过关了、价格便宜，也很难在西方主流市场流行起来。根本原因就是中国企业的核心商业价值观没有得到全世界的认可。因此，北京企业品牌要想在国际化进程中走得更远，就必须将普世的商业价值观融入品牌建设。

（3）自主创新，塑造品牌新形象

创新是企业发展的不竭动力。一个企业若是不懂得自主创新，这个企业赖以生存的源泉就会枯竭。随着中美贸易摩擦的不断升级，我国企业发展面临的“卡脖子”问题越来越严重。北京企业必须重塑创新理念，努力拥有自身的核心竞争力，在国际市场上抢得发展先机。

产品创新，是北京企业创新的关键。北京企业的品牌要想进入国际市场，最重要的是满足目标市场消费者的需求。产品创新是企业创新的关键。归根结底，企业的产品和服务反映了企业的经营状况和目标客户的需求，是企业的名片。只有实现可持续发展，不断进行产品创新，不断生产出物美价廉的产品，才能满足消费者日益增长的物质需求，才能赢得大众的青睐。因为全球消费群体的需求差异很大，北京企业要先了解市场，跟踪全球市场不同的消费需求，在发现需求后，才能进行创新。

技术创新，是北京企业发展的核心。众所周知，科技是第一生产力。在当代，各个国家的企业之间的竞争，比拼的是核心科技。技术创新有两种途径，即技术引进和自主研发。虽然说北京企业采取技术引进策略可以在短期内以较低的资金和人力消耗，获取更多的先进技术，尽快赢得市场，但从长远发展来看，还是应该以自主研发为主要发展策略，努力提高企业的技术创新水平，提高企业自身的“造血”能力，提高核心竞争力。

理念创新，是北京企业技术创新的前提。理念创新要求北京企业要有宽广的视野和胸怀，积极学习世界一流企业，在企业经营理念、管理理念、生产理念等方面的新思路。同时，北京企业也要注重管理创新，进一步实现管理的科学化、系统化，重新整合人才、资本与技术等生产要素，进一步增强自身实力，从而为企业持续创新奠定基础。其中，最为重要的是要有效利用企业人力资源，这是北京企业管理创新的重中之重。人才是企业发展的活力，北京企业应通过合理的人力资源管理，扎实推进企业各项工作。

（4）提高人才国际化水平

北京企业要想成功实现国际化目标，就必须大幅提高企业人才的国际化水平。北京企业应当充分认识到自身国际人才数量与世界一流企业的巨大差距，以及人才素质与世界一流企业的巨大差距。北京企业应优先出台配套政策，按照国际化、专业化的目标加快国际化人才队伍建设规划，推进人才招聘和培养工作；要根据自身业务开展情况和战略需求来组建人才队伍。整体上来讲，为了成功实现品牌国际化，北京企业要提高国际化人才质量，增加国际化人才数量。具体来说，北京企业需要以下几类国际化人才：国际化资本运营人才；职业经理人、项目经理等企业管理人才；新型国际贸易人才；各类法律咨询、评估、策划和信息人才等。

引进海外高层次人才。大力引进海外人才是提高企业人才国际化水平的必然要求和重要内容。当今国际形势复杂多变，各个国家的国际一流企业对优秀人才的争夺也愈发激烈，为海外高层次人才引进工作增加了难度。北京企业引进海外优秀人才时，应根据北京市的发展规划需求、本企业的发展情况，有针对性地引进符合企业国际化要求的高端领军人才、国际领先的创新创业人才或团队。当然，引进方式应当根据人才的实际情况和企业特征来确定。政府和企业应该同时发力，以解决引进海外高层次人才的住房、子女教育等问题，这样才能吸引更多的海外高层次人才。

培养国际化的本土人才。北京上市公司人才队伍的国际化水平发展不均匀。部分重视国际化业务的企业，人才国际化水平较高，而普通上市公司的人才国际化水平依旧偏低。然而，从长远来看，国际化是企业发展的必经之路，因此，即使目前公司业务集中于国内市场，企业也应当在招聘与选拔人才的过程中，以及对人才的培训过程中，建立国际化人才库，为今后的国际化发展打好基础。

建设企业国际人才梯队。做好人才储备工作是北京企业提高人才国际化水平的基础。具体来讲，第一，北京企业可以优先在企业内部建立人才信息库，每年内部选拔一批外语好、能力强的技术骨干，充实人才队伍。第二，要提高现有国际人才的实战能力，企业每年可以选派部分新入职的应届毕业生出国历练。第三，北京企业可以利用自身区域优势，采取订单培养方式，每年与国内外各大高校合作，按需培养并招聘符合企业自身要求，能够解决企业专项问题的人才。

7.2 政策层面对策建议

根据前文的论述，下面从政策层面为北京企业品牌国际化发展提出几点对策建议。

（1）健全法律法规，优化市场制度环境

积极推进体制机制改革。根据调研，国有企业是北京企业国际化的主力军。因此，应积极推进国有企业改革，加快建立现代企业制度。尽管当前国有企业改革成效显著，但矛盾依然存在。所以应倡导北京国有企业完善权责明确、管理科学的现代企业制度。这么做不仅可以增强北京国有企业自身的竞争力，也有助于加强对北京国有企业和国有资产的监管。国有企业改革是适应市场化、国际化新形势的重要举措，是国有企业实现国际化的必由之路。完善现代企业制度，要从国有企业历次改革的经验中汲取营养，同时要借鉴国际一流企业现行的企业制度，去粗取精，不断巩固已有成果，明确主攻方向。

加大对中小企业的政策支持力度，进一步放宽市场准入。应继续适当缩减市场准入项目负面清单，最大限度提升市场准入便利化水平。政府应实行公平竞争审查制度，营造公平透明的市场环境，实行公平统一的市场监管制度。应积极服务中小企业，对中小企业遇到的困难及时给予适当帮助。同时，可以创新监管方式，将服务融入监管。在各个领域的执法过程中，应避免对中小企业采取一些简单粗暴的执法手段。还应深化反垄断和反不正当竞争执法，确保中小企业能够公平参与市场竞争。要为企业“走出去”营造公平高效的市场环境，为北京企业品牌的国际化提供本土市场基础。

加强知识产权保护，打击假冒产品。假冒产品会影响正品厂商的利润。正品厂商为了防止假冒，会浪费大量的人力和资金来处理相关问题，造成生产效率降低。相反，仿冒厂商的生产成本远低于正品厂商。因此，假冒产品的价格会低于正品商品，这使得消费者更有可能购买假冒产品，进而使消费者对正品商品的需求越来越小，长此以往会导致正品厂商逐渐消亡。不仅如此，假冒产品还会严重破坏正常的市场经济秩序，同时严重损害消费者的生命健康和财产安全。假冒产品会引起消费者的恐慌和厌恶，使消费者不再相信正品商品及其品牌。因此，应严厉打击知识产权、专利技术、商誉等方面的侵权行为，严厉打击假冒产品，营造有利于北京企业品牌发展的市场环境，为北京企业品牌的国际化提供本土市场基础。

（2）制定扶持政策，加大扶持力度

第一，要规范制定产业政策规则，并及时根据国内外形势的变化进行调整、补充，以促进各产业协调发展；第二，要加强宣传，引导建立民族品牌。近年来，国家安全与专利侵权已成为主流市场阻挡北京企业国际化的主要原因。政府作为企业坚实的后盾，在北京企业品牌国际化发展的新阶段，要帮助北京企业解决企业国际化发展遇到的实际问题，通过采取一些政策手段与目标市场相互制衡，以保护中国企业的发展。

降低企业融资成本。建议保障信贷投放，鼓励银行采用减免利息、宽限还款期限、无还本续贷等方式缓解企业资金压力，同时提高融资业务线上办理比例，提高融资业务办理效率。针对抗风险能力普遍较弱的中小微企业，要优先降低其融资难度。鼓励更多中小微企业与金融机构加入北京小微企业金融综合服务平台，适当提高外贸类中小企业贷款额度并延长贷款期限；同时完善担保征信，扩展担保品范围，提高国有担保机构服务小微企业的业务占比，鼓励中小企业通过国有担保机构获取担保，延长现有的北京小微企业融资担保降费奖补政策。

提供进出口信用保费补助。建议提高短期出口信用保险保费补助，为海外投资保险、中长期出口信用保险提供不同额度保费补助。引导企业有效利用信用保险工具，避免海外公司债务违约而造成的流动性风险。

建立 RCEP 北京企业服务中心。通过进一步加强 RCEP 的宣传解读，为北京企业提供了及时精准的涉外商事法律服务，让北京企业更好地了解了 RCEP，更高效地利用相关优惠条款。为北京企业与 RCEP 签署国企业搭建信息交流平台，采用线上线下多种信息交流方式。为北京企业提供便利化的营商环境，提高北京企业供应链韧性，规避供应链断裂风险。

促进内外贸一体化，优化市场流通环境。短期内建议扩大各类展会参与企业范围，减免摊位费用，促进北京出口企业与国内大型商贸流通企业对接。帮助企业有效利用国内国外两个市场，降低出口产品内销成本，同时推动内销规模化、品牌化。长期来看，建议加速推进北京自贸区建设，发展北京企业与世界其他国家（地区）企业的经贸关系，避免对单一供应链的过度依赖。帮助北京企业有效利用 RCEP 和“一带一路”倡议的优惠政策，大力开发 RCEP 签署国和“一带一路”共建国家的供应链渠道。

参考文献

［1］白俊红，刘宇英．对外直接投资能否改善中国的资源错配［J］．中国工业经济，2018（1）：60-78.

［2］波特．竞争战略［M］．陈小悦，译．北京：华夏出版社，2005.

［3］陈伟宏，钟熙，蓝海林，等．范围、速度与节奏：高管过度自信对国际化进程的影响［J］．管理评论，2021，33（3）：233-243.

［4］陈震，丁忠明．基于管理层权力理论的垄断企业高管薪酬研究［J］．中国工业经济，2011（9）：119-129.

［5］代彬，杨柏，彭程．股东资源、CEO 权力与企业国际化战略：基于上市公司 OFDI 的经验证据［J］．国际商务（对外经济贸易大学学报），2016（3）：116-128.

［6］狄静涛．中国企业实施品牌国际化战略的探讨［J］．商业文化（下半月），2012（9）：39.

［7］丁怡帆，魏彦杰，朱家明．董事长的海外背景、融资约束与企业国际化［J］．中国注册会计师，2021（7）：61-65.

［8］董惠梅．基于国际化阶段理论的中国企业品牌国际化过程研究［J］．经济与管理研究，2007（4）：74-77，82.

［9］方宏，王益民．女性 CEO 如何影响中国企业国际化节奏？［J］．外国经济与管理，2021，43（1）：73-91.

［10］方宏，王益民，孙晨．CEO 权力与国际化速度：TMT 风险注意力的中介作用［J］．管理评论，2021，33（9）：260-273.

［11］冯永春，苏萌萌，郑丽霞．海外子公司自主权对逆向知识转移的影

响研究［J］. 科学学研究，2020，38（8）：1451-1463.

［12］韩中和．品牌国际化战略研究［J］. 国际商务研究，2002（4）：24-28.

［13］郝晨，张卫国，李梦雅．风险投资、国际化战略与企业创新绩效：基于中国创业板上市公司的研究［J］. 科研管理，2022，43（4）：185-191.

［14］蒋冠宏，蒋殿春，蒋昕桐．我国技术研发型外向 FDI 的“生产率效应”：来自工业企业的证据［J］. 管理世界，2013（9）：44-54.

［15］蒋鹏举，谢海，陈国珍．“一带一路”战略下江苏民营企业国际化的对策研究［J］. 中国发展，2017，17（5）：24-28.

［16］李安方．试析跨国公司 R&D 全球化的发展趋势［J］. 世界经济研究，2002（4）：35-38.

［17］李磊，白道欢，冼国明．对外直接投资如何影响了母国就业？——基于中国微观企业数据的研究［J］. 经济研究，2016，51（8）：144-158.

［18］李胜楠，牛建波．高管权力研究的述评与基本框架构建［J］. 外国经济与管理，2014，36（7）：3-13.

［19］梁莹莹．中国对外直接投资决定因素与战略研究［D］. 天津：南开大学，2014.

［20］刘媛．中国企业品牌战略与决策［J］. 现代营销（学苑版），2012（12）：122-124.

［21］林俐．国际化经营两大发展模式的比较研究［J］. 国际贸易问题，2003（4）：32-35.

［22］林润辉，李飞，丁昊明．CEO 个人特征与企业国际化战略［J］. 现代管理科学，2019（1）：97-99.

［23］林润辉，李飞，桂原，等．企业高管团队影响跨国并购模式选择研究：特征驱动还是角色使然［J］. 科学学与科学技术管理，2019，40（7）：88-104.

［24］林润辉，李飞，薛坤坤．管家还是代理人？——CEO 角色与企业国际化战略［J］. 管理工程学报，2021，35（3）：44-55.

［25］刘晓宁．独资还是合资：中国企业 OFDI 股权模式选择研究［J］．东岳论丛，2019，40（9）：163-173.

［26］卢侃．中国民营企业对外直接投资动因：机理与实证［D］．杭州：浙江大学，2021.

［27］鲁桐，李朝明．温州民营企业国际化［J］．世界经济，2003，26（5）：55-63.

［28］罗宾逊．企业国际化导论［M］．马春光，王昕，陆亚东，译．北京：对外贸易教育出版社，1989.

［29］潘孝成．CEO 权力、网络能力与企业国际化程度［D］．武汉：中南财经政法大学，2020.

［30］潘镇，杨柳，殷华方．中国企业国际化的社会责任效应研究［J］．经济管理，2020，42（9）：27-48.

［31］强硕云，郭兰英．北京地区民营科技企业发展问题研究［J］．企业改革与管理，2019（14）：27，36.

［32］阮福华．我国企业国际化经营的战略、动因及竞争优势分析［J］．对外经贸，2012（4）：121-122.

［33］山立威，甘犁，郑涛．公司捐款与经济动机：汶川地震后中国上市公司捐款的实证研究［J］．经济研究，2008，43（11）：51-61.

［34］宋建武，王一帆．探析中国互联网应用的国际化策略：以短视频平台“TikTok”为例［J］．媒体融合新观察，2020（3）：26-31.

［35］宋永高．中国品牌国际化的市场选择模式［J］．商业研究，2003（13）：148-149.

［36］孙晓强，苏勇．中国企业品牌国际化的路径选择［J］．经济管理，2007（1）：6-10.

［37］邰鹿峰，闫林楠．全球价值链分工网络下的企业国际化战略与绩效关系研究［J］．国际经贸探索，2020，36（8）：38-54.

［38］谭伟强，彭维刚，孙黎．规模竞争还是范围竞争？——来自中国企业国际化战略的证据［J］．管理世界，2008（2）：126-135.

［39］田海峰，郭英莉，娜美丽娜．CEO 国际化背景促进企业国际化了吗？——基于认知与动机视角的研究［J］．财经问题研究，2021（6）：110-117.

［40］王碧珺，谭语嫣，余淼杰，等．融资约束是否抑制了中国民营企业对外直接投资［J］．世界经济，2015，38（12）：54-78.

［41］王福胜，孙妮娜，王虹妹．中国上市公司国际化程度与经营绩效关系的实证研究［J］．哈尔滨工业大学学报（社会科学版），2009，11（1）：115-122.

［42］王鹏．新时期对提高企业核心竞争力的思考［C］//中国运筹学会企业运筹学分会．中国企业运筹学．重庆工商大学管理学院，2009.

［43］王天阳．浅谈中国品牌的国际化［J］．新闻研究导刊，2019，10（1）：228-229.

［44］王卫红，张超．珠三角企业品牌国际化路径模式及其启示［J］．战略决策研究，2012，3（1）：66-71.

［45］王喜刚．企业国际化管理的困境与战略选择［J］．企业经济，2014（1）：71-74.

［46］吴建祖，龚敏．基于注意力基础观的 CEO 自恋对企业战略变革影响机制研究［J］．管理学报，2018，15（11）：1638-1646.

［47］吴小勇．中国企业品牌国际化的路径研究［J］．市场周刊（理论研究），2012（6）：60-61.

［48］武志勇，马永红．融资约束、创新投入与国际化经营企业价值研究［J］．科技进步与对策，2019，36（9）：102-109.

［49］杨光玉，王海忠．中国企业品牌国际化升级路径研究：从品牌机制角度探究国际化品牌长青基因［J］．科技进步与对策，2014，31（3）：98-102.

［50］杨海儒．中国企业国际化战略选择及其影响因素的探讨［J］．科技管理研究，2011，31（13）：124-126.

［51］杨瑾，侯兆麟．逆向研发外包、组织学习与装备制造业突破性技术

创新［J］. 科学决策，2020（3）：23-41.

［52］杨晶，彭宇竹．医院竞争中品牌服务战略的实践体会［J］. 中国医学伦理学，2006（2）：68-69.

［53］杨均华．中国企业集团国际化成长问题研究［D］. 西安：长安大学，2009.

［54］杨丽丽．国际化与企业绩效的理论及实证研究［D］. 镇江：江苏大学，2010.

［55］杨一尘，余颖．企业国际化与经营绩效：基于制造业上市公司的实证研究［J］. 上海管理科学，2008，30（4）：11-12.

［56］杨忠，张骁．企业国际化程度与绩效关系研究［J］. 经济研究，2009，44（2）：32-42，67.

［57］衣长军．中国与美日对外直接投资战略动因国际比较［J］. 宏观经济研究，2010（4）：63-67.

［58］袁月，张小红．中国民族品牌国际化的路径案例研究［J］. 中国科技投资，2014（7）：13-14.

［59］曾萍，邓腾智．企业国际化程度与技术创新的关系：一种学习的观点［J］. 国际贸易问题，2012（10）：59-67，85.

［60］张海波，李彦哲．ODI 进入模式对跨国企业海外经营绩效影响研究［J］. 科研管理，2020，41（9）：209-218.

［61］张建君．竞争—承诺—服从：中国企业慈善捐款的动机［J］. 管理世界，2013（9）：118-129，143.

［62］张敏，武齐．发展中国家企业品牌国际化路径分析：来自韩国的启示［J］. 国际贸易问题，2010（10）：52-56，63.

［63］张英，张倩肖．开放型技术双元、交互吸收能力与企业国际化进入模式选择［J］. 科技进步与对策，2021，38（18）：94-103.

［64］张宇．“一带一路”倡议是否降低了中国出口的隐性壁垒？［J］. 世界经济研究，2020（11）：3-14，135.

［65］张振刚，户安涛，张君秋．国际化节奏对企业创新的影响研究［J］.

科学学研究，2021，39（11）：2053-2064.

［66］赵德森．中国对外直接投资的国家风险研究［D］．昆明：云南大学，2018.

［67］赵明华．中国企业国际化的品牌战略选择［J］．辽宁经济，2011（8）：80-81.

［68］赵刚．对外直接投资的逆向技术溢出及其吸收能力门槛效应：基于中国省际数据的实证检验［J］．未来与发展，2019，43（1）：56-66.

［69］赵晶，陈宣雨，迟旭．基于文本分析的企业国际化测量方法及应用研究［J］．中国软科学，2021（1）：136-146.

［70］赵栓文，朱超凡，宋昊泽．企业国际化程度与创新绩效关系研究：基于跨国高新技术企业面板数据的实证检验［J］．价格理论与实践，2020（1）：147-150.

［71］赵伟，古广东，何元庆．外向 FDI 与中国技术进步：机理分析与尝试性实证［J］．管理世界，2006（7）：53-60.

［72］赵晔涵．中国企业品牌国际化路径比较分析［J］．经济研究导刊，2018（35）：96-97.

［73］赵晔涵．中国企业品牌国际化路径选择对策分析［J］．经济研究导刊，2018（32）：165-166.

［74］赵周贤，刘光明．“一带一路”：中国梦与世界梦的交汇桥梁［J］．决策与信息，2015（4）：27-29.

［75］钟山．开创全球开放合作新局面［N］．人民日报，2020-11-24（11）.

［76］周建，许为宾，余耀东．制度环境、CEO 权力与企业战略风格［J］．管理学报，2015，12（6）：807-813.

［77］周正平．中国民营企业跨国经营成长模式及选择［J］．特区经济，2007（10）：97-99.

［78］左晶晶，唐跃军．CEO 激励与国际化战略［J］．管理评论，2014，26（7）：148-158.

[79] BUCH C M, KESTERNICH I, LIPPONER A, et al. Financial Constraints and Foreign Direct Investment: Firm-level Evidence [J]. Review of World Economics, 2014, 150 (2): 393-420.

[80] BURGEL O, MURRAY G C. The International Market Entry Choices of Start-Up Companies in High-Technology Industries [J]. Journal of International Marketing, 2000, 8 (2): 33-62.

[81] CORDELL A J. Innovation, The Multinational Corporation: Some Implications for National Science Policy [J]. Long Range Planning, 1973, 6 (3): 22-29.

[82] CUI L, XU Y. Outward FDI and Profitability of Emerging Economy Firms: Diversifying from Home Resource Dependence in Early Stage Internationalization [J]. Journal of World Business, 2019, 54 (4): 372-386.

[83] DADANLAR H H, ABEBE M A WOODSIDE A G. Female CEO Leadership and the Likelihood of Corporate Diversity Misconduct: Evidence from S&P 500 Firms [J]. Journal of Business Research, 2020, 118 (1): 398-405.

[84] DOUGLAS S P, CRAIGA C S, NIJSSEN E J. Executive Insights: Integrating Branding Strategy Across Markets: Building International Brand Architecture [J]. Journal of International Marketing, 2001, 9 (2): 97-114.

[85] DUTTA D. K, MALHOTRA S, ZHU P C. Internationalization Process, Impact of Slack Resources, and Role of the CEO: The Duality of Structure and Agency in Evolution of Cross-border Acquisition Decisions [J]. Journal of World Business, 2016, 51 (2): 212-225.

[86] ELOSGE C, OESTERLE M J, STEIN C M, et al. CEO Succession and Firms' Internationalization Processes: Insights from German Companies [J]. International Business Review, 2018, 27 (2): 367-379.

[87] FACCIO M, MARCHICA M, MURA R. CEO Gender, Corporate Risk-Taking, and the Efficiency of Capital Allocation [J]. Journal of Corporate Finance, 2016, 39: 193-209.

[88] FINKELSTEIN S. Power in Top Management Teams: Dimensions, Measurement, and Validation [J]. Academy of Management, 1992, 35 (3): 505-538.

[89] FORSGREN M. The Concept of Learning in the Uppsala Internationalization Process Model: A Critical Review [J]. International Business Review, 2002, 11 (3): 257-277.

[90] GLIGOR D M, ESMARK C L, GÖLGECI I. Building International Business Theory: A Grounded Theory Approach [J]. Journal of International Business Studies, 2016, 47 (1): 93-111.

[91] GODFREY P C. The Relationship Between Corporate Philanthropy and Shareholder Wealth: A Risk Management Perspective [J]. Academy of Management Review, 2005, 30 (4): 777-798.

[92] HITT M A, HOSKISSON R E, KIM H. International Diversification: Effects on Innovation and Firm Performance in Product-Diversified Firms [J]. Academy of Management Journal, 1997, 40 (4): 767-798.

[93] HITT M A, LEE H, YUCEL E. The Importance of Social Capital to the Management of Multinational Enterprises: Relational Networks Among Asian and Western Firms [J]. Asia Pacific Journal of Management, 2002, 19 (2): 353-372.

[94] HU M Y, CHEN H, SHIEH J C. Impact of U S-China Joint Ventures on Stockholders'Wealth by Degree of International Involvement [J]. MIR: Management International Review, 1992, 32 (2): 135-148.

[95] HUTZSCHENREUTER T, HORSTKOTTE J. Performance Effects of Top Management Team Demographic Faultlines in the Process of Product Diversification [J]. Strategic Management Journal, 2013, 34 (6): 704-726.

[96] JENSEN M C. Agency Costs of Free Cash Flow, Corporate Finance, and Takeovers [J]. American Economic Review, 1986, 76 (2): 323-329.

[97] JOHANSON J, VAHLNE J E. The Internationalization Process of the Firm: A Model of Knowledge Development and Increasing Foreign Market Commit-

ments [J]. Journal of international business studies, 1977, 8 (1): 23-32.

[98] JOHANSON J, VAHLNE J E. The Mechanisms of Internationalization [J]. International Marketing Review, 1990, 7 (4): 11-24.

[99] JOHANSON J, WIEDERSHEIM-PAUL F. The Internationalization of the Firm: Four Swedish Cases [J]. Jouranal of Management Studies, 1975, 12 (3).

[100] KARAGOZOGLU N, LINDELL M. Internationalization of Small and Medium-Sized Technology-Based Firms: An Exploratory Study [J]. Journal of Small Business Management, 1998, 36 (1): 44-59.

[101] KELTNER D, GRUENFELD D H, ANDERSON C. Power, Approach, and Inhibition [J]. Psychological Review, 2003, 110 (2): 265-284.

[102] LEVITT T. The Globalization of Markets [J]. Harvard Business Review, 1983, 61 (3): 92-102.

[103] LI Q, LIANG G. Political Relations and Chinese Outbound Direct Investment: Evidence from Firm and Dyadic-Level Tests [J]. SSRN Electronic Journal, 2012: 17-28.

[104] LU J, BEAMISH P W. The Internationalization and Performance of SMEs [J]. Strategic Management Journal, 2001, 22 (6-7): 565-586.

[105] MADHOK A, KEYHANI M. Acquisitions as Entrepreneurship: Asymmetries, Opportunities, and the Internationalization of Multinationals from Emerging Economies [J]. Global Strategy Journal, 2012, 2 (1): 26-40.

[106] MISHINA Y, POLLOCK T G, PORAC J F. Are More Resources Always Better for Growth? Resource Stickiness in Market and Product Expansion [J]. Strategic Management Journal, 2004, 25 (12): 1179-1197.

[107] PANT A, RAMACHANDRAN J. Legitimacy beyond Borders: Indian Software Services Firms in the United States, 1984 to 2004 [J]. Global Strategy Journal, 2012, 2 (3): 224-243.

[108] PARK S H, CUERVO-CAZURRA A, NEWBURRY W. Emerging

Market Multinationals: Managing Operational Challenges for Sustained International Growth [M]. Cambridge: Cambridge University Press, 2016.

[109] PENG M W, WANG D Y L, JIANG Y. An Institution-Based View of International Business Strategy: A Focus on Emerging Economies [J]. Journal of International Business Studies, 2008, 39 (5): 920-936.

[110] RUGMAN A M, VERBEKE A. Subsidiary-Specific Advantages in Multinational Enterprises [J]. Strategic Management Journal, 2001, 22 (3): 237-250.

[111] SAMBHARYA R B. Foreign Experience of Top Management Teams and International Diversification Strategies of US Multinational Corporations [J]. Strategic Management Journal, 1996, 17 (9): 739-746.

[112] SANDERS W G, HAMBRICK D C. Swinging for the Fences: The Effects of CEO Stock Options on Company Risk Taking and Performance [J]. Academy of Management Journal, 2007, 50 (5): 1055-1078.

[113] SCHANK T, SCHNABEL C, WAGNER J. Do Exporters Really Pay Higher Wages? First Evidence from German Linked Employer-Employee Data [J]. Journal of International Economics, 2007, 72 (1): 52-74.

[114] TAN D, MEYER K E. Business Groups' Outward FDI: A Managerial Resources Perspective [J]. Journal of International Management, 2010, 16 (2): 154-164.

[115] VERNON R. International Investment and International Trade in the Product Cycle [J]. International Executive, 1966, 8 (4): 190-207.

[116] WERNERFELT B. A Resource-Based View of the Firm [J]. Strategic Management Journal, 1984, 5 (2): 171-180.

[117] WHITELOCK J, FASTOSO F. Understanding International Branding: Defining the Domain and Reviewing the Literature [J]. International Marketing Review, 2007, 24 (3): 252-270.

[118] WOLFF J A, PETT T L. Small-Business Internationalisation: the Relationship between Firm Resources and Export Competitive Patterns in Exporting

[J]. International Journal of Management and Decision Making, 2004, 5 (2/3): 246-262.

[119] YIU D, MAKINO S. The Choice Between Joint Venture and Wholly Owned Subsidiary: An Institutional Perspective [J]. Organization Science, 2002, 13 (6): 667-683.

[120] YOUNG S, HOOD N, DUNLOP S. Global Strategies, Multinational Subsidiary Roles and Economic Impact in Scotland (1988) [J]. Regional Studies, 1988, 22 (6): 487-497.

[121] ZANDER U, KOGUT B. Knowledge and the Speed of the Transfer and Imitation of Organizational Capabilities: An Empirical Test [J]. Organization Science, 1995, 6 (1) 76-92.

[122] ZOU S, FANG E, ZHAO S. The Effect of Export Marketing Capabilities on Export Performance: An Investigation of Chinese Exporters [J]. Journal of International Marketing, 2003, 11 (4): 32-55.

后　记

通过对品牌国际化相关文献与理论的全面检索和分析，本书从进入路径与成长路径、发展深度与发展广度四个角度全面分析了北京上市公司品牌国际化发展情况。运用实证方法分析了企业品牌国际化的影响因素及其对企业绩效的作用机制，并以科技行业为例，对品牌国际化的创新发展进行了案例研究，最终提出了有针对性的对策建议，以期为企业品牌国际化发展提供经验借鉴与路径选择，进一步促进北京企业的品牌国际化发展。国际化运营不仅关乎企业的长久发展，还深刻影响着国家经济运行与社会稳定。未来，笔者将进一步拓宽研究样本范围，做更具普适性的企业国际化相关研究，为企业国际化的内在运行机制与重点驱动机制构建完善的理论框架，以理论指导实践进步，以实践促进理论发展。

本书是北京社科基金一般项目“北京企业品牌国际化经营问题研究”（15JGB039）和首都经济贸易大学中青年骨干教师项目的最终成果。本书的主审为对外经济贸易大学的郝旭光教授，主要负责书稿设计前期的统筹工作，为本书提供写作思路及大纲，并对初稿进行了审定和完善。此外，感谢中国人民公安大学公安管理学院李辉教授以及首都经济贸易大学工商管理学院李枫园博士给予的宝贵意见。